西南交通大学新时代日常思想政治教育实践研究项目

思想政治教育研究文库

——

当代大学生成长规律研究

张军琪　著

光明日报出版社

图书在版编目（CIP）数据

当代大学生成长规律研究 / 张军琪著 . -- 北京：
光明日报出版社，2023.7

ISBN 978 - 7 - 5194 - 7338 - 9

Ⅰ.①当… Ⅱ.①张… Ⅲ.①大学生—人才成长—研
究 Ⅳ.①G645.5

中国国家版本馆 CIP 数据核字（2023）第 122483 号

当代大学生成长规律研究
DANGDAI DAXUESHENG CHENGZHANG GUILÜ YANJIU

著　　者：张军琪

责任编辑：刘兴华　　　　　　　　责任校对：李　倩　张慧芳
封面设计：中联华文　　　　　　　责任印制：曹　净

出版发行：光明日报出版社
地　　址：北京市西城区永安路 106 号，100050
电　　话：010 - 63169890（咨询），010 - 63131930（邮购）
传　　真：010 - 63131930
网　　址：http：// book. gmw. cn
E - mail：gmrbcbs@ gmw. cn
法律顾问：北京市兰台律师事务所龚柳方律师

印　　刷：三河市华东印刷有限公司
装　　订：三河市华东印刷有限公司
本书如有破损、缺页、装订错误，请与本社联系调换，电话：010 - 63131930

开　　本：170mm×240mm
字　　数：155 千字　　　　　　　印　　张：12.5
版　　次：2023 年 7 月第 1 版　　　印　　次：2023 年 7 月第 1 次印刷
书　　号：ISBN 978 - 7 - 5194 - 7338 - 9
定　　价：85.00 元

序

习近平总书记在全国高校思想政治工作会议上提出了"要遵循思想政治工作规律,遵循教书育人规律,遵循学生成长规律,不断提高工作能力和水平"的课题。习近平总书记对"三大规律"的强调与重视,既为高校思想政治工作的有效推进提供了行动指南,又为广大思想政治工作者把握大学生成长规律、研判思想动态提出了新要求。从高校思想政治工作的理论审视的维度看,这"三大规律"关涉思想政治工作、教书育人、学生成长诸多领域,体现出由宏观视角到微观领域的体系性、层次性,你中有我、我中有你,且联系紧密的逻辑关系:遵循教书育人规律和学生成长规律是遵循思想政治工作规律的客观要求与外在体现;遵循教书育人规律是遵循思想政治工作规律的主要方式;遵循学生成长规律是遵循思想政治工作规律与教书育人规律的根本保障与价值归宿。鉴于网络时代大学生代际更替速度的加快,对当代大学生成长变化规律的研究亟待加强。

当代大学生的成长离不开社会背景和社会环境的影响,成长规律对成长所起的支配作用也是在社会环境中进行的。当代大学生成长规律形成的社会背景主要有经济全球化、文化多样化、生活科技化、交往虚拟化和家庭多元化等五个方面。当代大学生成长规律除了具有客观性和普遍性特征外，还具有时代性和发展性的特征。

学术界对大学生成长规律的研究成果较少，目前为数不多的研究成果主要集中在对"85后"到"90前"群体的研究上。本书的研究对象确定为"90后"大学生群体，并主要以"95后"到"00后"年龄段的大学生为主要研究对象，以期接续学术界对大学生成长规律的研究，填补研究空白。相对于目前相关研究的来看，本书的研究内容更具系统性，主要体现在：一是对当代大学生成长的现象、特征进行归纳总结研究，关涉到当代大学生成长的一般现象到共性特征；二是在当代大学生成长规律的考察与揭示上，覆盖了当代大学生成长的一般规律和网络时代的特殊规律；三是在遵循当代大学生成长规律的对策上，分层分类地提出了建议。

本书基于多维视角对当代大学生成长规律展开研究。按照规律的分类，本书从当代大学生成长的一般规律和网络特征的背景下当代大学生成长的特殊规律两个维度进行研究；按照成长要素的分类，从心理成长、思想品德成长和日常行为成长三个维度进行研究。本书研究当代大学生成长规律，涉及多个学科的知识：马克思主义理论、哲学、心理学和思想政治教育学等。本书访谈对象涵盖了曾经从事过学生管理工作的群体和从事教学的群体、正在从事高校学生管理工作的群体、已经毕业参加工作的当代大学生群体和在校的当代大学生群体。

在多维视角下，本书分析当代大学生成长规律形成的社会背景及特征，归纳总结当代大学生成长的一般规律和网络时代的特殊规律，有其新颖性：一是当代大学生心理成长规律包括自我意识增强规律、认知能力发展较快规律；二是当代大学生思想品德成长规律有内化与外化相统一规律、思想与行为相同一规律、一元与多元相共存规律；三是当代大学生日常行为成长规律总结为尊重学术威信与人格威信相结合规律、内外因素相互作用影响成长规律、师承效应与代际传承影响成长规律、勇于探索与创新规律；四是网络时代当代大学生成长规律揭示为网络化生存规律、网络文化引导行为规律。

遵循当代大学生成长规律可以提高高校思想政治工作的实效性。做好高校思想政治工作必须遵循当代大学生成长规律，按照习近平总书记在全国高校思想政治工作会议上的要求，因事而化、因时而进、因势而新，"因"就是遵循客观实际和客观规律，科学合理遵循当代大学生成长规律就是"因事""因时"和"因势"的具体体现，在遵循大学生成长规律的基础上，做到"化""进""新"。对当代大学生成长规律的研究旨在掌握当代大学生成长规律的基础上，在了解影响大学生成长的环境及其影响大学生成长规律形成和发挥作用的主要因素的前提下，为高校开展大学生教育工作提供一定的借鉴。应该在总结和遵循当代大学生成长规律的基础上，靶向定位、精准施策，提升他们的成长质量，真正实现当代大学生专业成长到精神成才的蜕变。

本书将"当代大学生成长规律"作为研究选题，有很强的理论意义和现实价值，也具有较大难度与挑战性。限于自身能力和水平，本书还有许多不足和局限之处，还需要进一步的完善和充实，恳请各位同人批评指正。

目 录
CONTENTS

第一章　当代大学生成长规律研究概述

高校思想政治工作事关学校培养什么样的人、如何培养人以及为谁培养人这个根本问题。如何把立德树人作为中心环节，把思想政治工作贯穿教育教学全过程，实现全程育人、全方位育人，着力培养德智体美劳全面发展的社会主义事业建设者和接班人，已经成为广大高校思想政治工作者面临的一个重大理论与实践课题。高校思想政治工作离不开对大学生思想动态的精准把握，离不开对大学生成长规律的有效认知，对此，如同习近平总书记强调的："做好高校思想政治工作，要因事而化、因时而进、因势而新。要遵循思想政治工作规律，遵循教书育人规律，遵循学生成长规律，不断提高工作能力和水平。"①

第一节　当代大学生成长规律研究的缘起

习近平总书记在全国高校思想政治工作会议的重要讲话中，对

---

① 习近平在全国高校思想政治工作会议上强调把思想政治工作贯穿教育教学全过程 开创我国高等教育事业发展新局面 [N]. 人民日报，2016-12-9（1）.

"三大规律"的强调与重视，既为高校思想政治工作的有效推进提供了行动指南，又为广大思想政治工作者把握大学生成长规律、研判思想动态提出了新要求。"把高校思想政治工作提高到遵循规律的高度，既是习近平总书记对高校思想政治工作理论的新发展，也是对高校广大干部和教师提出的新要求。"①

一、高校思想政治工作的理论需要

习近平总书记在全国高校思想政治工作会议上专门强调：高校思想政治工作需要遵循思想政治工作规律、遵循教书育人规律、遵循学生成长规律等"三大规律"。这"三大规律"关涉思想政治工作、教书育人、学生成长等诸多领域，体现出由宏观视角到微观领域的体系性、层次性，以及你中有我、我中有你，且联系紧密的逻辑关系。

第一，遵循教书育人规律和学生成长规律，是遵循思想政治工作规律的客观要求与外在体现。在"三大规律"中，思想政治工作规律居于统领地位，教书育人是思想政治工作的重要组成部分，是思想政治工作规律应用于课堂教学实践领域的产物。学生形塑正确的政治立场、坚定的政治信念、健全的人格、科学的观念，得以健康成长，是高校思想政治工作的目的，以及检验工作是否取得成效的核心指标。

第二，遵循教书育人规律，是遵循思想政治工作规律的主要方式。思想政治理论课课堂教学在高校思想政治工作中，发挥着主渠道作用。唯有将高校思想政治工作融入课堂教育教学的全过程，坐实"专业思政"、推进全员育人，方能真正实现"教"中有"育"、"育"中有"教"，方能真正达到育人的目的，培养德智体美劳全面发展的社会主

---

① 郑永廷.把高校思想政治工作贯穿教育教学全过程的若干思考［J］.思想理论教育，2017（1）：4.

义事业建设者和接班人。

第三，遵循学生成长规律，是遵循思想政治工作规律与教书育人规律的根本保障与价值归宿。高校思想政治工作的核心是立德树人，教书的落脚点也是"育人"。因此，唯有深度契合学生成长规律，高校思想政治工作、教书育人实践方能真正取得实效；唯有切实遵循学生成长规律，精准把握学生思想动态，方能真正将遵循思想政治工作规律与教书育人规律落到实处。

二、高校思想政治工作的实践要求

高校思想政治工作是一项以立德树人为核心环节，以培养德智体美劳全面发展的社会主义事业建设者和接班人为根本任务的伟大工作，这是以人为对象，着力解决人的思想、观点、意识和政治立场等诸多问题，以促进大学生成长成才为目的的光荣事业。高校思想政治工作的这一特性，要求必须深度契合当代大学生的成长规律。

当前，大学生的主体力量已经实现由"85后"到"95后"，再到"00后"的拓展；大学生的生活也已经实现由教室、图书馆、宿舍向社会、网络的延伸，他们已经成为网络时代拥有强烈主体意识、饱含独立思考精神、善于接纳新生事物的新生群体。当代大学生拥有相对独特的个人成长经历，也具有较为普遍的群体性特征，这种群体性特征及其潜藏的大学生思想动态，实际上就是高校思想政治工作亟须把握的成长规律。唯有依托大学生成长规律，了解当代大学生所思所想，方能有的放矢地采取针对性措施，着力提升思想政治工作的针对性与实效性，方能真正实现大学生的健康成长。

三、大学生成长成才的内在诉求

大学生是社会上最为活跃、最为灵动、最为新鲜的群体，他们善于感知社会上的变化气息，捕捉生活中的律动部分。不过，由于涉世未深、甄别能力较弱，当代大学生的成长成才历程往往伴随着坎坷与辛酸。但是，他们渴望被认可、希冀成长的内在诉求却是一直存续的。

对此，高校思想政治工作，亟须着眼于当代大学生成长成才的内在诉求，依托对大学生成长规律的有效把握，科学谋划深度契合大学生成长诉求的思想政治活动，焕发大学生梦想成长、努力成才的无限激情，就显得十分必要。诚如全国高校思想政治工作会议中所指出的，"改革创新高校思想政治工作的基本要求，掌握'遵循规律、应势而动'的重要论断"①。对此，高校思想政治工作就必须切实遵循"三大规律"，着力推进改革创新，充分发挥新型媒介技术在思想政治工作中的重要作用，更为注重以文化人、以文育人，方能真正满足当代大学生成长成才的现实诉求，方能真正实现高校思想政治工作的时代价值。

正是在理论上辨析"三大规律"内在联系，在实践上探寻立德树人践行策略，在把握大学生思想动态、满足其成长成才诉求中，学生成长规律的特殊地位与关键作用得以凸显，本书选取"大学生成长规律"进行专门研究，以求为高校遵循思想政治工作规律、教书育人规律，着力提升大学生思想政治教育实效性提供参考。

---

① 本刊记者. 深入贯彻落实全国高校思想政治工作会议精神 切实增强大学生对思政课的获得感——访教育部社会科学司司长刘贵芹 [J]. 思想理论教育导刊, 2017 (5)：5.

第二节　当代大学生成长规律研究的
理论意义与实践价值

强化当代大学生成长规律的专门研究，从理论上来说，是对马克思主义关于规律的理论、人的自由全面发展思想的丰富与拓展，为高校思想政治工作的理论探讨提供了重要参考；从实践上来看，则有助于夯实高校思想政治工作的前提与基础、创新思想政治工作的形式与方法、提升思想政治工作的实效性。

一、当代大学生成长规律研究的理论意义

当代大学生成长规律，是将马克思主义关于规律的理论、人的自由全面发展思想应用至大学生群体的产物。强化当代大学生成长规律的专门研究，是对马克思主义的丰富与拓展，同时，也为新时代高校思想政治工作理论研究提供了重要参考。

第一，对马克思主义关于规律的理论的丰富与发展。马克思主义经典著作对事物发展过程中的规律，进行了系统阐述。首先，规律具有客观性，是事物本身所固有的，人们不能创造、改变和消灭规律。比如，毛泽东在谈及"实事求是"时，就曾指出："'实事'就是客观存在着的一切事物，'是'就是客观事物的内部联系，即规律性"。① 其次，规律具有可认知性，即人们可以透过现象看本质，探寻潜藏于复杂事物之下的客观规律，即"表面上是偶然性在起作用的地方，这种偶然性始

① 毛泽东选集（第3卷）[M]. 北京：人民出版社，1991：801.

终是内部的隐蔽着的规律支配的，而问题只是在于发现这些规律"①。再次，规律具有可应用性，即人们可以在客观规律的指导下，认识世界、改造自然、改造社会，"按照客观规律办事，是一个由实践到认识、由认识到实践，由物质到精神、由精神到物质的反复或多次反复的完整的认识过程和实践过程。"②

　　大学生成长规律是马克思主义关于规律的理论，应用于高校思想政治工作领域、应用至大学生群体的产物。其一，大学生成长规律具有客观性。共同处于经济全球化、政治民主化、生活科技化、思潮多元化大环境下的当代大学生，虽然拥有着独特的家庭环境、教育背景和成长经历，但是，当代大学生作为一个群体，已然展现出有别于其他社会群体、有别于之前大学生群体的独有特征，实际上，这些独有特征及其潜藏思想动态的客观存在，就是大学生成长规律客观性的重要表现。其二，大学生成长规律具有可认知性。高校思想政治工作是一项以人为对象、以立德树人为核心环节的工作。人的可认知性，同时也赋予了大学生这一独特群体、大学生成长规律的可认知性。其三，大学生成长规律具有可应用性。研究大学生成长规律并非书斋式学术研究的孤芳自赏，而是要将其应用至高校思想政治工作之中，应用于大学生立德树人工作之中，从而为高校教书、科研、实践、管理、服务、文化、组织多维度协同育人作用的发挥，汇聚力量。

　　马克思主义关于规律的理论与高校思想政治工作、大学生群体相契合的产物，便是大学生成长规律。在此，阐释大学生成长规律的理论基础、形成的社会背景及特征，梳理大学生成长的一般规律与特殊规律，

---

① 马克思恩格斯选集（第4卷）[M]. 北京：人民出版社，1995：247.
② 赵培星. 论规律 [M]. 北京：人民出版社，1981：4.

探寻遵循大学生成长规律、提升思想政治工作实效的具体策略，进一步丰富和发展了马克思主义关于规律的理论。

第二，是对马克思主义关于人自由全面发展思想的拓展与延伸。人的自由全面发展是马克思主义孜孜以求的最高价值目标，是共产主义社会的本质特征，是科学发展观、"以人为中心"发展理念的集中体现，更是人们实现个人幸福、社会实现可持续发展的客观要求。对此，马克思主义经典著作在不同场合、从不同角度，多次阐述了人自由全面发展的重要价值。比如，《德意志意识形态》中着重强调：个人的全面发展"正是共产主义者所向往的"①；《共产党宣言》中指出：共产主义社会是一种自由人的联合体，"在那里，每个人的自由发展是一切人的自由发展的条件"②；《资本论》中谈及：未来社会是"一个更高级的、以每个人的全面而自由的发展为基本原则的社会形式"③，现代的工业生产必然会要求"用那种把社会职能当作相互交替的活动方式的全面发展的人，来替代只是承担一种社会局部职能的局部个人"④；中国共产党的十八大在修改《中国共产党章程》时，专门在"总纲"部分增加了"促进人的全面发展"的内容；习近平总书记在党的十九大报告中则强调："增进民生福祉是发展的根本目的。……深入开展脱贫攻坚，保证全体人民在共建共享发展中有更多获得感，不断促进人的全面发展、全体人民共同富裕"⑤。

当代大学生是社会上最为活跃、最为灵动的群体，是当代青年群体

---

① 马克思恩格斯全集（第3卷）［M］. 北京：人民出版社，1960：330.
② 马克思恩格斯选集（第1卷）［M］. 北京：人民出版社，1995：294.
③ 马克思恩格斯全集（第23卷）［M］. 北京：人民出版社，1982：649.
④ 马克思恩格斯全集（第23卷）［M］. 北京：人民出版社，1982：534.
⑤ 习近平. 决胜全面建成小康社会 夺取新时代中国特色社会主义伟大胜利——在中国共产党第十九次全国代表大会上的报告（2017年10月18日）［N］. 光明日报，2017-10-28（1）.

中受教育水平相对较高、眼界与视野相对开阔的一部分，他们对社会公正、自由发展等理念的领悟更为深刻、希冀更为强烈。因此，高校思想政治工作就必须以马克思主义关于人自由全面发展思想为指导，立足于新时代大学生成长成才的现实需求，尊重学生、爱护学生，牢牢确立"以学生为本"的工作理念，基于对大学生成长规律的精准把握，透视当代大学生成长成才中的个体性差异与个性化需求，积极探索思想政治教育的新方法、不断丰富思想政治教育的新内容、持续优化思想政治教育的外部环境，助推当代大学生成长成才，乃至于自由全面发展历程。

强化当代大学生成长规律的专门研究，是将马克思主义关于人的自由全面发展思想，应用至大学生思想政治教育，探寻大学生成长成才进程中个体性差异与个性化需求、精准把握大学生思想动态的必要举措，同时也进一步拓展与延伸了马克思主义关于人的自由全面发展的思想。

第三，对中国共产党重视思想政治工作传统的沿袭、继承与发展。中国共产党历来十分重视思想政治工作，比如，毛泽东在《论联合政府》中就曾专门强调："掌握思想教育，是团结全党进行伟大政治斗争的中心环节"[①]。邓小平针对党和国家体制改革的实际需要，在《党和国家领导制度的改革》中再度强调思想政治工作的重要性，即"我们一定要把思想政治工作放在非常重要的地位，切实认真做好，不能放松"[②]。党的十八大以来，以习近平同志为核心的党中央领导集体，面对高校思想政治工作领域出现的一些新问题、新挑战，先后召开全国宣传思想工作会议、全国高校思想政治工作会议、全国教育大会，对高校思想政治工作涉及的问题进行系统阐述，再度强调了加强高校思想政治工作、着力培育社会主义事业合格建设者和可靠接班人的必要性与紧

---

① 毛泽东选集（第4卷）[M]．北京：人民出版社，1991：1094．
② 邓小平文选（第2卷）[M]．北京：人民出版社，1994：342．

迫感。

在此，立足于当代大学生成长的社会环境、家庭背景和受教育经历，结合当前在大学生群体中流行的社会现象，透视当代大学生的思想动态与群体特征，实现对大学生成长规律的精准把握，是对中国共产党重视思想政治工作这一优良传统的沿袭、继承与发展。

二、当代大学生成长规律研究的实践价值

强化当代大学生成长规律的专门研究，深度契合了新时代高校思想政治工作的特性，有助于夯实高校思想政治工作的前提与基础、创新思想政治工作的形式与方法、提升思想政治工作的实效性。

第一，强化当代大学生成长规律的专门研究，深度契合了新时代高校思想政治工作的特性。高校思想政治工作是以大学生为对象，着力解决当代大学生在思想观念、政治立场等维度的不良现象，谋求大学生思想觉悟持续提升的一项工作。这项工作是党的工作中不可或缺的组成部分，是新时代党进一步强化社会主义精神文明、建设教育强国的重要途径，同时也为党开展经济、政治、文化、社会、生态文明建设、党的建设等领域其他一切工作提供了有力保证。因此，以培养什么样的人、如何培养人以及为谁培养人为根本问题的高校思想政治工作，在着力解决大学生成长成才进程中的诸多问题时，就必须在研判大学生群体中流行社会现象的基础上，精准把握当代大学生的思想动态，切实遵循当代大学生的成长规律。

第二，强化当代大学生成长规律的专门研究，有助于夯实高校思想政治工作的前提与基础。大学生成长规律是当代大学生成长成才进程中，带有普遍性、客观性的群体性特征与思想动态，对于大学生的健康成长产生着决定性作用。遵循大学生成长规律是开展高校思想政治工作的基础,对于高校思想政治工作能否取得成效、教书育人效果能否实现起着决定性作用。所谓思想政治工作,是指按照一定社会或阶级的要求,有计划、有组织地对社会成员施加影响,把一定的社会思想和道德转化为个体的思想意识、道德品质和有共识的思想认知,进而指导社会成员的社会行为。强化高校思想政治工作实际上是旨在形塑大学生正确价值观念的行为实践,这就要求我们必须首先了解工作的性质和工作对象的特质,必须遵循大学生的成长规律。因此,从理论上强化大学生成长规律的系统研究,是夯实高校思想政治工作前提与基础的重要举措。

第三,强化当代大学生成长规律的专门研究,有助于高校思想政治工作形式与方法的创新与拓展,助推大学生思想政治工作实效性的持续提升。高校思想政治工作的开展,需要借助一定的载体和形式,着力突破制约思想政治工作实效性的影响因素。当前,包括宏观、中观、微观多维的环境因素,包括思想文化素质、道德品质、知识能力素质的教育素质因素,包括受教育者成长环境、个性特征等在内的特质因素,均会对思想政治工作实效性产生负面影响。对此,唯有从受教育者特质因素出发,"按规律办事,做到因事而化、因时而进、因势而新。'舟循川则游速,人顺路则不迷。'遵循思想政治工作规律和教书育人、学生成长规律"①,方能在有效把握大学生思想动态的基础上,借助课堂教学、社团建设、心理健康教育、校园文化建设和新媒体技术等多重形式,持续拓展当代大学生思想政治教育的形式与载体,着力推进大学生思想政治工作实效性的提升。

---

① 新华社评论员:立德树人,为民族复兴提供人才支撑——学习贯彻习近平总书记在全国高校思想政治工作会议重要讲话 [EB/OL]. 新华网, http://news. xinhuanet. com/politics/2016-12/08/c_ 1120083340. htm

第三节　当代大学生成长规律研究的方法与创新点

在参考借鉴学术界已有研究成果的基础上，本书以学术界已有研究尚需拓展之处为突破点，谋求对当代大学生成长规律的系统研究。

一、当代大学生成长规律研究的思路

本书坚持以习近平新时代中国特色社会主义思想为指导，立足于当代中国高校思想政治工作的使命与担当，着眼于当代大学生成长成才的现实诉求，强化对当代大学生群体中主流思想的研判分析，精准把握当代大学生的思想动态与群体特征，梳理当代大学生成长规律形成的社会背景，按照"成长现象——成长特征——成长规律"的总体思路，在分析当代大学生成长现象和特征的基础上，归纳总结当代大学生成长的特有规律，并对这些规律的应用价值进行检验，提出遵循当代大学生成长规律的对策和建议。具体研究思路如下。

第一，阐释强化当代大学生成长规律研究的必要性与紧迫感。本书认为，强化当代大学生成长规律的专门研究，深度契合了当前高校思想政治工作的实践诉求。大学生成长规律具有客观存在性、必然性以及不可抗拒性等特质。当然，规律也是可以发现和利用的，是可以用来指导实践活动的。思想政治工作是以人为对象，解决的是人的思想、观点、意识和政治立场的问题，目的是提高人的思想政治觉悟。这是思想政治工作的特性，这个特性体现的是人本思想和马克思主义的人学取向思想。高校思想政治工作的特性与大学生成长规律二者具有天然的统一性：唯有切实遵循当代大学生成长规律，方能真正把握当代大学生的思

想动态，方能研判当代大学生的行为取向，从而夯实了高校思想政治工作的前提与基础。当代大学生成长规律与高校思想政治工作的自然统一性，以及新形势下高校思想政治工作的强化与延展，进一步凸显出当代大学生成长规律研究的必要性。

本书认为，强化当代大学生成长规律的专门研究，是新时代助推大学生成长成才的题中之义。当代大学生成长成才的迫切希望，以及成长历程遭受的挫折与艰辛，均召唤着高校思想政治工作者的全方位指导。但是，强化大学生思想政治工作，是一项极具科学性、艺术性的工作，唯有实现思想政治工作与大学生思想动态、成长规律的高度统一，唯有针对性地采取措施、选取适当的载体与方式，方能真正获得大学生的认可，真正帮助大学生成长成才。否则，不仅会引发广大青年学生的逆反情绪与抵触心理，难以取得教育效果，还会为大学生成长成才的历程带来负面影响。不过，学术界关于大学生成长规律已有的研究成果仍存在一定不足，难以满足高校思想政治工作的实际需求。这种已有研究成果的不足，进一步凸显了强化大学生成长规律专门研究的紧迫感。

第二，分析当代大学生成长规律形成的时代境遇。当代大学生的成长离不开社会背景和社会环境的影响，成长规律对成长起支配作用也是在社会环境中进行的。因此，对成长规律的研究要首先搞清楚影响成长规律形成的时代境遇是什么？它是如何对当代大学生的成长产生影响的？基于"挑战"和"机遇"两个维度，从经济全球化、文化多样化、生活科技化、交往虚拟化和家庭多元化的成长环境，分析了当代大学生成长规律形成的时代境遇。

第三，总结概括当代大学生成长规律的具体内容。本书在阐明当代大学生成长规律理论来源与学科依据的基础上，从现实的必要性出发，从规律分类的角度，将当代大学生成长规律分为一般规律和网络时代的特殊规律。当代大学生成长的一般规律，就是指当代大学生在成长过程中具有普遍存在的规律，这些规律适用于当代大学生这个群体，是这个群体成员的共同特征。当代大学生成长网络时代的特殊规律是指当代大学生在成长的过程中，在某些特定的条件下对当代大学生的成长具有意义的规律。从时空两个维度来看，时间和空间两个维度里对当代大学生成长起支配作用的规律有时以一般规律为主，有时以特殊规律为主，大多是一般规律和特殊规律同时起支配作用。特殊规律强调的是规律的条件性和历史性，所谓条件性，是指"规律的适用范围是有一定的条件的，有着特定的适用对象和适用范围"；所谓历史性，是指"规律的存在方式并非超历史的和永恒的，而是强调某种规律只存在于某个特定的历史时期，当这段历史时期退出历史舞台的时候，这种规律也会随之消失"①。

第四，提出遵循当代大学生成长规律的对策。在当代大学生成长的过程中，如何利用成长规律对他们的成长趋向做出前置性的判断，提前采取针对性的教育策略，是研究当代大学生成长规律的主要目的；如何利用成长规律促进他们的成长成才，降低环境对他们成长的负面影响，是当代社会面临的一个现实问题；如何利用成长规律在促进他们成长的同时，实现成长到成才再到成熟的提升，实现高质量的、健康的成长，是教育主体主要应该思考的问题。遵循当代大学生成长规律，促进他们成长成才，既是高校思想政治工作者的目标与任务，也是国家、社会和家庭的期望。为了实现这一目标与任务，广大高校思想政治工作者只有根据当代大学生成长规律，采取适当的教育方法和措施，才能不断提升高校思想政治工作的能力和水平，进而取得应有的效果。

---

① 梁晓宇.论马克思主义发展的一般规律和特殊规律［J］.沈阳干部学刊，2016（1）：27.

二、当代大学生成长规律研究的方法与创新点

当代大学生成长规律是一个涉及多个学科、不同领域的重大理论与实践课题。因此，在强化当代大学生成长规律的专门研究过程中，必须坚持以习近平新时代中国特色社会主义思想为指导，采取科学的研究方法，做到史论结合、阐释与探究相统一。

（一）研究方法

为强化对当代大学生成长规律的专门研究，本书坚持以辩证唯物主义与历史唯物主义为基本方法，坚持历史与逻辑相统一，采用定量研究与定性研究相结合、文献研究和学科交叉研究等方法。

第一，定量研究与定性分析相结合。强化当代大学生成长规律的专门研究，单纯依靠定量研究，抑或定性分析，都是难以完成的。因此，在研究过程中，需要对关涉大学生成长规律的数据资料进行对比分析，进而结合访谈、座谈等方法，采用扎根理论研究等手段，爬梳当代大学生成长的共性现象和特征，揭示支配大学生成长成才的内在规律。

第二，文献研究法。"文献研究是哲学社会科学最为直接、快速和常用的方法之一，可以直接继承前人的研究成果和既成经验。"[1] 强化当代大学生成长规律的专门研究，离不开对前人已有研究成果的学习、借鉴与参考。因此，本书在评述学术界已有研究成果、阐释当代大学生成长的特征与流行的社会现象、梳理当代大学生成长规律的理论来源与实践基础、探讨当代大学生成长规律的理论意蕴与典型特征等问题时，均是采用的文献研究法。

---

[1] 杨晓慧. 当代大学生成长规律研究 [M]. 北京：人民出版社，2010：18.

第三，学科交叉研究法。当代大学生成长规律研究，是一个涉及马克思主义理论、思想政治教育学、哲学、心理学、人才学、高等教育管理学等多学科的问题，亟须从不同学科、不同视角吸收学术界已有的研究成果，借鉴学术界采用的研究方法，进一步强化对该问题的综合性研究，拓展大学生成长规律研究的广度与深度。

此外，本书在研究中还会适当采用对比分析法、历史与逻辑相统一等研究方法，谋求当代大学生成长规律研究的科学性、规范化与系统性。

（二）创新点

本书旨在强化当代大学生成长规律的专门研究，以期为学术界的后续研究，以及高校思想政治工作实践提供参考。创新点如下。

第一，研究选题的创新。学术界对大学生成长规律的研究成果较少，目前为数不多的研究成果，主要集中在对"85后"到"90前"群体的研究上。本书的研究对象确定为"90后"大学生群体，并主要以"95后"到"00后"年龄段为主要研究对象，以期接续学术界对大学生成长规律的系统化研究，填补研究空白。

第二，研究视角的新颖。本书基于多维视角对当代大学生成长规律展开研究。按照规律的分类，本书从当代大学生成长的一般规律和网络时代当代大学生成长的特殊规律两个维度进行研究；按照成长要素的分类，论文从心理成长、思想品德成长和日常行为成长三个维度进行研究。论文研究当代大学生成长规律，涉及多个学科的知识：马克思主义理论、哲学、心理学和思想政治教育学等。在多维视角下，分析当代大学生成长规律形成的社会背景及特征，归纳总结当代大学生成长的一般规律和网络时代的特殊规律，有其新颖性。

第三，研究内容的系统性。相对于目前相关研究来看，本书研究内容更具系统性，主要体现在：一是对当代大学生成长的现象、特征进行归纳总结和研究，关涉到了对当代大学生成长的一般现象到共性特征；二是在当代大学生成长规律考察与揭示上，覆盖到了当代大学生成长的一般规律和网络时代的特殊规律；三是在遵循当代大学生成长规律的对策上，分层分类地提出了十一点建议。

第四，研究观点创新。一是当代大学生心理成长规律，包括自我意识增强规律、认知能力发展较快规律；二是当代大学生思想品德成长规律有内化与外化相统一规律、思想与行为相同一规律、一元与多元相共存规律；三是当代大学生日常行为成长规律总结为尊重学术威信与人格威信相结合规律、内外因素相互作用影响成长规律、师承效应与代际传承影响成长规律、勇于探索与创新规律；四是网络时代当代大学生成长规律揭示为网络化生存规律、网络文化引导行为规律。

第二章　当代大学生成长规律研究的理论探源

第一节　概念界定

为提高本书研究的科学性与规范性，在此，需要专门就当代大学生、规律、大学生成长规律等基本概念进行明确界定。

一、当代大学生

第一，"当代"时间节点的厘清。"当代"一词并非一个专业的学术用语，泛指"目前这个时代"，因此，在学术界已有成果中，往往用"当代大学生"一词泛指最新、当前正处于学校阶段的大学生。为提高研究的科学性与规范性，本书所用的"当代"覆盖的大学生范围超出了"当前正处于大学阶段的大学生"的范围，选取1990年以后出生的大学生。因此，"90后"的大学生，是本书泛指的"当代大学生"群体。

第二，大学生群体的层次界定。一般来说，大学生主要是指正在接受高等教育的特殊群体，从学历层次上来讲，主要包括专科生、本科生和研究生（硕士和博士）。为提高论文研究的可信性，本书研究中会对三个不同层次的大学生进行调查，以求在对比中更加准确地把握当代大学生成长规律。

第三，当代大学生的国际代际术语。对于当代青年群体，欧美社会经常会用"X一代"的词语进行概括，比如，人们熟知的"垮掉的一代"（Beat Generation）、"千禧一代"（Millennial Generation）。当前，欧美社会存在一个特指与网络共生、共成长一代青年的术语，即"Z世代"。作为时代新人的"Z世代"，"意指在1990年代中叶至2010年前出生的人，他们在互联网快速发展时代成长，因而又被称为'网络世代''互联网世代'"①，也就是人们所指的"95后"。

因此，为加强与国内外学术研究成果的衔接性，提高研究的适用性，本书将"当代大学生"，即研究对象，界定为"90后"大学生；考虑到文章撰写的周期以及学生入学的情况，本书研究中将以"95后""00后"的本科生为主，适度摄入部分专科生和研究生进行对比分析。

二、规律

第一，词典、辞海对规律内涵的一般性解释。《现代汉语词典》《辞海》对规律的内涵进行了一般意义上的解读。比如，《现代汉语词典》认为：规律是"事物之间的内在的本质联系。这种联系不断重复出现，在一定条件下经常起作用，并且决定着事物必然向着某种趋向发展。也叫法则"②。

《辞海》对规律的含义进行了较为详细的阐释。《辞海》认为，可以从三个层面对规律的含义进行解读，分别是："第一种，'规章律

---

① 张春贵. 让马克思主义有效触达"Z世代"[J]. 青年记者, 2019（7）：9.
② 现代汉语词典 [K]. 北京：商务印书馆, 2012：489.

令'；第二种，'合乎一定方式或秩序。'；第三种，亦称'法则'"①。规律从本质上来说，属于事物发展过程中的本质联系，具有普遍性、客观性和可认知性等特征，即"事物发展过程中的本质联系和必然趋势。具有普遍性、重复性等特点。它是客观的，是事物本身所固有的，人们不能创造、改变和消灭规律，但能认识它，利用它来改造自然界，改造人类社会"②。规律大致可以划分为自然规律、社会规律和思维规律三种类型。

第二，马克思主义视域下规律的内涵。规律是马克思主义中一个非常重要的概念。列宁对规律的内涵进行了系统阐释，所谓规律的概念，就是指"人对于世界过程的统一和联系、相互依赖和总体性的认识的一个阶段"；规律与本质在某种程度上，可以视为同等概念，即"规律就是关系。……本质的关系或本质之间的关系"，"规律和本质是表示人对现象、对世界等的认识深化的同一类的（同一序列的）概念，或者说得更确切些，是同等程度的概念"③。对于规律的概念，毛泽东也曾谈道："客观事物的内部联系，即规律性"④。因此，概括来说，规律是事物本身所固有的本质的、必然的联系，代表了事物发展的必然趋势，"规律的王国是现存世界或现象世界的静止的反映……规律把握住静止的东西——因此，规律、任何规律都是狭隘的、不完全的、近似的。"⑤

三、大学生成长规律

成长规律是马克思主义规律内涵，应用至人生成长领域的产物，是

① 辞海 [K]. 上海：上海辞书出版社，2009：785.
② 辞海 [K]. 上海：上海辞书出版社，2009：785.
③ 列宁全集（第 55 卷）[M]. 北京：人民出版社，1990：126-128.
④ 毛泽东选集（第 3 卷）[M]. 北京：人民出版社，1991：801.
⑤ 列宁全集（第 55 卷）[M]. 北京：人民出版社，1990：127.

人生成长过程中所固有的、本质的、必然的联系，代表了人生成长的必然趋势。由此可见，人的成长规律具有内在规定性，在此，本书主要探讨了大学生的成长规律。大学生成长规律是指大学生这个特定群体在成长过程中具有的不断重复出现的本质联系。构成这些联系的各要素之间互相作用、互相影响，决定着大学生成长成才的发展趋向，共同促进着大学生的成长成才。

第一，人的成长是合规律性与合目的性的统一。当代大学生的人生成长，是由所处社会的生产力发展水平与历史发展阶段所决定的，因此，大学生的人生成长，在发挥自我主观能动性时，必须坚持遵循自然规律和社会规律的基本原则，而不能随意地脱离客观规律，更不能违背客观规律。但是，强调大学生人生成长必须遵循自然规律与社会规律，并未否认大学生的主体能动性，而是指大学生在人生成长过程中，可以主动地调适自我、适应周边环境，有目的地认识世界、改造世界，实现人生的自由全面发展。"社会发展史却有一点是和自然发展史根本不相同的……在社会历史领域内进行活动的，全都是有意识的、经过思虑或凭激情行动的、追求某种目的的人；任何事情的发生都不是没有自觉的意图，没有预期的目的。"① 因此，当代大学生的人生成长是合规律性与合目的性的统一。

第二，人的成长是普遍性与特殊性的统一。所谓普遍性，是指每一位大学生均有成长、成才的机会，社会为每一位大学生均提供了平等的成长机遇，这是由事物发展中矛盾的普遍性所决定的。当代大学生正处于中华民族走向伟大复兴的新时代，人人均可成长、人人均可成才；同时，大学生成长的普遍性，还表现为这种成长的客观性，即它并未因人

---

① 马克思恩格斯选集（第4卷）[M]．北京：人民出版社，1972：43.

们的个人好恶而消亡，而是会遵循生命发展规律，由不成熟走向成熟、由成长走向成功。但是，人人都有机会成长成才，却不代表每个人都会成长成才，大学生的人生成长历程具有特殊性，充满着复杂性。社会为每个人成长成才均提供了机会，但是，受个人禀赋、家庭条件、社会环境以及个人成长经历等多重因素的影响，人生成长进程中充满着复杂性。"社会是复杂的，决定人的本质的各种社会关系也是复杂的，其中生产关系是最基本的社会关系，政治关系、思想关系和道德关系等其他一切社会关系都是在生产关系的基础上发生的，它们构成复杂的社会关系体系和网络；每个人都是这个网络中的一个结，每个人的活动、实践都受到这个网络中的各种社会关系的影响和制约。"[1]

第三，人的成长是必然性与价值引领性的统一。大学生成长，是人生的必然趋势，具有不可逆转性，也就是人们常说的"人生没有回头路"。大学生人生成长的必然性，是与价值引领性紧密相连的。因为，人的存在本身就是作为一种价值的存在，即"人的存在之所以是价值存在，首先在于人的行为都是价值范导行为。人总是遵循特定的价值模式，依照特定的价值规范而行动"[2]。当前，我国正处于社会转型阶段，当代大学生正处于经济全球化、政治民主化、社会思潮多元化的特殊成长环境之中，正处于价值观形成与确立的关键阶段，当代大学生的价值观决定着整个社会未来的价值取向。因此，把握大学生人生成长的必然性，强化大学生的价值引领，对于大学生健康成长、社会发展，乃至于民族与国家的繁荣富强，均具有重要作用。对此，如同习近平总书记指出的："青年的价值取向决定了未来整个社会的价值取向，而青年又处

---

[1] 聂立清，郑永廷. 人的本质及其现代发展——对马克思人的本质思想的再认识 [J]. 现代哲学，2007（2）：106.

[2] 张跃刚. 人的成长：从价值自发走向价值自觉 [J]. 人民论坛，2014（29）：194.

在价值观形成和确立的时期，抓好这一时期的价值观养成十分重要。这就像穿衣服扣扣子一样，如果第一粒扣子扣错了，剩余的扣子都会扣错。人生的扣子从一开始就要扣好。"①

第二节　理论基础及支撑

对当代大学生成长规律的研判与跟踪分析，不仅涉及思想政治教育领域，还关涉马克思主义理论、心理学、高等教育管理学、人才学等多个学科和领域。基于多学科审视规律、成长规律等问题，对于本书研究视野的拓展、内容的丰富等均具有重要意义。

一、马克思主义理论

当代大学生成长规律，将马克思主义关于规律的理论、人的自由全面发展思想应用至大学生群体。强化当代大学生成长规律的专门研究，是对马克思主义的丰富与拓展。

第一，马克思主义哲学关于事物规律的相关论述。马克思主义哲学认为，"规律既是联系的范畴，又是发展的范畴。联系是发展中的联系，发展是联系中的发展"。规律作为事物及其发展过程中的联系，和本质是同等程度的概念。也就是说，"规律不是事物的现象，而是属于事物本质层次的东西；规律不是通过感官被直接把握的，规律性的认识

---

① 习近平. 青年要自觉践行社会主义核心价值观——在北京大学师生座谈会上的讲话（2014年5月4日）[N]. 光明日报，2014-5-5（2）.

属于理性思维层次的认识。规律始终是本质的关系或本质之间的关系。"① "作为本质的关系，规律包括继起的本质关系和并列的本质关系。前者体现在事物的发展过程中，如原因和结果、可能与现实之间的本质关系；后者体现在事物相对静止的诸规定性中，如本质与现象、形式与内容之间的本质关系。"② 研究规律，必须搞清楚不同时期的历时性关系和同一时期的共时性关系之间的关系。"作为本质的关系，规律既包括历时性关系，也包括共时性关系。但是，任何共时性的并存关系都不是凝固不变的，事物内在的矛盾运动不断把共时性关系引向历时性关系。"③ 也就是说，共时性关系的范畴相对于历时性关系的范畴较小，作为共时性关系的规律最终也是历时性关系的规律。

规律作为事物及其发展过程中的联系，具有必然性。规律对事物的发展趋势和方向具有根本性的决定作用，马克思主义认为，"规律是事物发展过程中所存在的确定不移的趋势""所谓规律的必然性，就是指规律的存在、作用及其后果的不可避免性"④。规律对事物起作用是必然的、不可避免的，有时现象表现出来的在短期来看有悖于规律的特征，放在长期发展的过程或发展趋势中，它也是不可避免地受规律的支配。而"一些事物的存在不可避免地引起另一些事物的出现，事物发展的这一阶段不可避免地把事物引导到另一阶段，就是规律的具体体现"⑤。从一般意义上来讲，规律的必然性体现在事物的发展过程中，主要表现为因果关系。但并非所有的因果关系都构成规律。

---

① 《马克思主义哲学》编写组．马克思主义哲学［M］．北京：高等教育出版社，人民出版社，2009：110.

② 同上.

③ 同上.

④ 同上.

⑤ 同上.

规律作为事物及其发展过程中的联系，具有稳定性。这种稳定性主要表现在规律对事物的反复起作用上。所谓稳定的联系，是指具备了一定的条件，规律就会反复起作用，在事物发展中普遍地体现出来。人们对认识对象的认识，就是个人的主观意识对支配认识对象发展的规律的认识。这种认识有一致性和不一致性两种认识结果，而这种一致性的认识结果，就是人们的主观意识和认识对象的本质的一致性，这种认识的反复的一致性，就是规律对认识对象的反复起作用。而这种不一致性的认识结果，可以理解为，人们对认识对象的认识违反了规律。

马克思主义根据规律存在领域的不同，将规律划分为自然规律、历史规律和思维规律。"马克思主义哲学主张辩证决定论。辩证决定论确认事物的运动具有普遍的制约性和规定性，同时又认为这种普遍的决定关系是通过多种多样的特殊形式而存在的，并揭示了原因与结果、必然与偶然、决定与选择之间的辩证关系"①，"辩证唯物主义与历史唯物主义作为世界观，揭示了自然界、社会和思维发展的一般规律"。作为方法论，则是我们"认识世界和改造世界的思想武器"②。

二、心理学

心理学是指研究心理现象客观规律的学科。心理现象是指认识、情感、意志等心理过程和能力、性格等心理特征。另一方面来讲，心理包含两个层面的含义：首先，"人的头脑反映客观现实的过程，如感觉、知觉、思维、情绪等"；其次，"泛指人的思想、感情等内心活动"③。

---

① 《马克思主义哲学》编写组．马克思主义哲学［M］．北京：高等教育出版社，人民出版社，2009：112.
② 《思想政治教育学原理》编写组．思想政治教育学原理［M］．北京：高等教育出版社，2016：29.
③ 现代汉语词典［K］．北京：商务印书馆，2012：1446.

心理学学科对大学生成长规律也有着诸多研究，毕竟，"人的生活首先也主要是由人的心理与行为支撑的"①。所谓成长，也涉及生理与心理两个维度。因此，探寻当代大学生成长规律，绕不开心理学学科范畴。

第一，根据马克思主义的理论阐释，思想规律本身就是规律的一种表现形式。因此，探寻当代大学生成长规律，实际上就是要强化包括大学生心理成长等内容的研究。大学生的心理成长离不开内化与外化，所谓内化就是"把某些东西结合进心理或身体中去，采纳别人或社会的观念、价值观作为自己的东西"，即把"准则、信念纳入自己的体系"；所谓外化就是指"内部智力动作向外部实际动作的转化，或是个人所积累的知识经验的客观化"。

第二，促进大学生的健康成长，应当是自由全面的发展，即是具有健康心理、健全人格和正确自我认知的新时代大学生。在现代社会条件下，经济发展迅速，科技迅猛发展，社会的不确定性和复杂性增大，当代大学生身处这样的社会，各种压力越来越大，滋生心理问题的可能性也越来越大。因此，在高校思想政治工作中，需要针对当代大学生的实际状况，综合运用"认知、情感、行为相结合的教育方法，心理咨询与心理治疗方法，心理保健方法等"②，助推大学生的健康成长。

第三，心理健康教育与思想政治教育具有高度的契合度。大学阶段正是学生心理品质全面发展且又急剧变化的关键阶段，处于这一阶段的当代大学生心理上往往存在不稳定、可塑性大等群体性特征。因此，作为旨在强化心理疏导教育、促进大学生健康成长的心理健康教育工作，

---

① 理查德·格里格，菲利普·津巴多. 心理学与生活（第 19 版）［M］. 北京：人民邮电出版社，2016：18.
② 《思想政治教育学原理》编写组. 思想政治教育学原理［M］. 北京：高等教育出版社，2016：21-33.

就是从心理层面的意识着手，引导大学生克服因在社会实践中接触不良社会现象而形成的低层次社会意识，紧抓当代大学生心理层面的丰富内容，使之逐渐上升到理性认知的高度，从而为大学生的行为实践提供正确指引，即"抓住人们心理层面的丰富的现象，将其提升到理性认识的高度，就是思想政治教育不可推卸的责任"①。

三、思想政治教育学

思想政治教育学是一门旨在强化思想政治教育现象与问题、透过现象揭示规律的学科。依托大学生成长规律开展思想政治工作，是新时代高校思想政治工作的内在诉求。

第一，思想政治教育学谋求探寻思想政治教育的本质。根据 2005年国务院学位委员会、教育部下发的《关于调整增设马克思主义理论一级学科及所属二级学科的通知》（学位〔2005〕64 号文），思想政治教育学是下属于马克思主义理论一级学科的二级学科，是一门以马克思主义理论与方法为指导，着重研究人们思想品德形成与发展，探究思想政治教育规律，努力引导人们形成科学的世界观、人生观和价值观的学科，是一门融思想教育、政治教育和道德教育为一体的学科。"思想政治教育突出而鲜明的本质属性，就是社会主义意识形态性，它是一门马克思主义的学科。"②

思想政治教育学以思想政治教育领域的各类现象、问题为切入点。思想政治教育具有鲜明的阶级性、意识形态性，是一项对成员开展有目

---

① 《思想政治教育学原理》编写组．思想政治教育学原理 [M]．北京：高等教育出版社，2016：111．
② 《思想政治教育学原理》编写组．思想政治教育学原理 [M]．北京：高等教育出版社，2016：14．

的、有计划、有组织的教育，旨在形塑契合一定社会需求的活动。因此，针对思想政治教育领域中的复杂社会现象，尤其是人们社会实践、学习生活和思想政治教育活动中的各类现象，探究这些社会现象产生的原因、社会影响以及应对措施，是思想政治教育学开展理论研究、实践探索的切入点。"思想政治教育存在于现象中，人们通过实践、生活和思想政治教育活动，都能接触和了解这些现象。这是人们认识思想政治教育本质、提高思想政治教育实效性的途径。"①

思想政治教育学以现象为切入点，并不意味着始终停留在现象层面。思想政治教育学面临的各类社会现象，往往具有非本质性、片面性、外部联系等特征。因此，思想政治教育学必须透过这些外部联系，探究思想政治教育领域中的深层次问题，必须规避思想政治教育可能出现的片面性、非本质性问题，而是应当整体、系统、全面地进行研究。因此，透过现象看本质，尤其是紧抓思想政治教育领域的各种本质性问题，成为思想政治教育学的重要内容。在思想政治教育学探究的各类本质性问题中，规律性问题，尤其是关涉大学生成长与思想政治教育的规律，在思想政治教育学中显得尤为重要。

第二，思想政治教育学将"规律"定位为研究对象。思想政治教育学面临的各类现象，是人们探求思想政治教育本质、获取思想政治教育规律的基础与起点。因此，依托对思想政治教育现象的把握，探求现象背后的内在联系，就成为思想政治教育学界定自身研究对象的逻辑理论。

思想政治教育学以"规律"为研究对象，就涉及规律的内容问题。对此，学术界基本上取得一致看法，即以"两个规律"为研究对象。

---

① 《思想政治教育学原理》编写组．思想政治教育学原理［M］．北京：高等教育出版社，2016：78.

"两个规律论"认为："思想政治教育学的研究对象是人的思想品德形成和发展的规律以及思想政治教育的规律。"① 在人们看来，思想政治工作是一项做人的工作，因此，探究人思想品德形成与发展的规律，以及思想政治教育本身的规律，成为思想政治教育学的主要目的。由此类推，在大学生思想政治教育领域，同样存在两个基本规律，"一是大学生成长规律，即大学生思想品德形成发展规律；二是思想政治教育规律，即对大学生实施思想政治教育的规律。"②

第三，人的成长规律是思想政治教育学研究的重要内容。思想政治教育学以"两个规律"为研究对象，面临着两个主体，即教育者与受教育者的问题。唯有处理好两个主体之间的关系，切实遵循人的思想品德形成与发展规律，实现教学之间相互配合，方能真正提高思想政治工作的实效性。

在思想政治工作中，存在教育与受教育两个主体，其中，教育者开展思想政治教育的工作质量，在很大程度上制约着受教育者思想品德素养的形塑与发展，对于受教育者的健康成长、自由全面发展，乃至于思想政治教育实效性的提升，发挥着主导性作用；受教育者负责教育内容的接收，包括助推人思想品德形塑与发展的内容，尤其是需要根据思想政治教育的环境调适自我，从而在自我发展中彰显思想政治教育的效果。受教育与教育两个主体关系的处理，构成思想政治教育学理论研究、实践探索的重要组成部分。

处理教育与受教育两个主体的关系，探究思想政治教育的规律，必须把握受教育者思想品德的形成与发展特点，尤其是人的成长规律。人的思想品德形成与发展规律，内在包含思想成长与行为成长两个维度。

---

① 陈万柏，张耀灿．思想政治教育学原理（第三版）[M]．北京：高等教育出版社，2015：7.
② 杨晓慧．当代大学生成长规律研究 [M]．北京：人民出版社，2010：1.

人的思想与行为是思想政治教育学的重要研究内容，也是开展思想政治教育活动，在目标、内容与评价维度的重要表现。人们认为，"思想与行为是思想政治教育的起点、过程与归属范畴""正确、先进的思想体系不可能在头脑中自发产生，只有通过学习、教育、实践才能自觉形成"①。

人思想品德的形成与发展，实际上就是特定价值观念的内化与外化过程。教育者外在力量作用的发挥、受教育者的自我调适，对特定价值观念的认同与践履，实际上就是思想政治教育中的内化与外化。内化是指某种价值观念与行为规范，被受教育者所接受，逐渐转化为个体内在价值观念与行为倾向的过程。思想政治教育中的内化，实际上就是教育者在目标、内容、要求等维度，开展思想政治教育，使之逐渐转化为受教育者的知识、价值观念与行为倾向，即受教育者将外部知识、理论、价值规范在自我思想领域不断吸收的过程。以内化为基础，受教育者往往会将个人思想领域的价值观念予以实践，即由"内化于心"走向"外化于行"，从而实现自我思想品德的形塑与发展，最终走向人的自由而全面发展。

第四，遵循大学生成长规律是新时代高校思想政治工作的内在诉求。思想政治教育学以"两个规律"为研究对象，旨在为人们揭示思想政治教育学中的本质性问题，为人们把握规律、开展思想政治工作提供依据。将"两个规律"应用至高校领域，实际上就演变为：大学生成长规律与高校思想政治工作规律，以及在课堂教学领域中的教书育人规律。遵循大学生成长规律，是遵循高校思想政治工作规律、教书育人规律的前提与外在表现。

---

① 《思想政治教育学原理》编写组．思想政治教育学原理 [M].北京：高等教育出版社，2016：17，19.

透视当代大学生的思想动态，是把握大学生成长规律，提高新时代高校思想政治工作实效性的必要举措。当代大学生的思想状态非常复杂，思想政治教育的重要任务就是要引导他们"正确解决主观和客观的矛盾，使主观正确反映客观，形成正确的思想认识"。当代大学生正确思想认知的形成，是以其社会实践为基础的，能否引导当代大学生"在实践的基础上形成了反映客观世界的正确认识，并且能够按照这种正确认识改造客观世界"，已经成为当前思想政治工作成效高低的重要指标。

遵循当代大学生成长规律，旨在引导大学生辨明是非，能够在实践中明晰正确思想认知与错误思想认知的边界，从而在实践中自觉坚持正确的思想认知。遵循客观规律，在方法论上要求一切从实际出发，因此，遵循当代大学生成长规律，就必须从大学生的实际情况出发，引导他们学习、掌握正确的方法论，正确认识世界、以正确的世界观改造世界。"掌握正确的方法论对于提高人们的认识能力，掌握自我教育的主动权，自觉形成对客观世界的正确思想认识，推动对客观世界的改造，具有根本的作用。"[①] 坚持以大学生成长规律为指导，引导学生明辨是非，势必涉及处理大学生认识世界、改造世界中的各种矛盾，因此，引导当代大学生正确认识主观世界与客观世界的关系，注重发挥个人的主观能动性，使得他们坚持以正确的思想观念指导个人社会实践、规范社会行为，实现自由全面发展。

第五，研判大学生成长规律旨在促进大学生的健康成长。研判、遵循大学生成长规律，提高高校思想政治工作的实效性，目的就在于促进大学生健康成长，助推其自由全面发展进程。个人的成长可以划分为自

---

① 《思想政治教育学原理》编写组．思想政治教育学原理 [M]．北京：高等教育出版社，2016：40，41．

发的成长与自觉的成长。其中，所谓自发的成长更多的是指生理维度的
成长，自觉的成长更加侧重于思想层面的成长，即自发是指"由自己
产生，不受外力影响的；不自觉的"，自觉是指"自己有所认识而觉
悟"①。当代大学生自发的成长，是由其自发意识所支配，自觉地成长
则由其自觉意识所影响、支配；当代大学生的成长历程，是自发成长与
自觉成长的有机统一，不过，在其走向成熟、追求高层次发展的阶段，
基于正确地认识客观世界后形成的正确思想意识支配下的成长，往往饱
含长远目标与行动规范，就显得十分必要。对此，马克思曾指出："自
由的、有意识的活动恰恰就是人类的特性"②。

　　研判大学生成长规律，强化思想政治工作，就是引导大学生由自发
成长走向自觉成长的必要举措。"思想政治教育是增强人类实践活动的
主体能动性、群体协作性、政治自觉性，激发实践活动的精神动力，推
动实践活动由主观形态向现实形态转化的中心环节。"思想政治工作是
"做人"的工作，即旨在教育、引导当代大学生健康成长的工作，因
此，往往采取多样的教育手段，诸如循循善诱的说服教育、躬行践履的
实践教育，抑或润物无声的心理疏导等。思想政治工作的强化具有鲜明
的群众性，即"对一切人员覆盖的广泛性"，以及内容的多样化，包括
"科学世界观教育、政治观教育、人生价值观教育、道德观教育、法制
观教育、心理健康教育"③。高校思想政治工作的开展，势必涉及当代
大学生成长问题，尤其是大学生的思想成长问题，因此，透视在大学生
群体中流行的社会现象，探寻潜藏其中的思想动态及其走向，研判当代

---

① 　现代汉语词典 [K]. 北京：商务印书馆，2012：1725.
② 　马克思恩格斯选集（第1卷）[M]. 北京：人民出版社，2012：56.
③ 　《思想政治教育学原理》编写组. 思想政治教育学原理 [M]. 北京：高等教育出版社，2016：109.

大学生成长规律，深度契合了当代大学生人生成长、自由全面发展的内在诉求。

研判大学生成长规律，强化思想政治工作，以促进大学生自由全面发展为终极价值追求。"人的全面发展是人类社会发展的远大目标和个人发展的最高境界，也是思想政治教育中的一个重要命题。思想政治教育的根本任务，就在于提高人们认识世界和改造世界的能力，促进人的全面发展。"① 从自由全面发展的内容上来看，思想政治工作有助于提高大学生的思想道德素质，即能引导其形成良好的道德素养，使之自觉遵守公民基本道德规范，从而为个体的自由全面发展创设条件；思想政治工作有助于大学生社会关系的发展，即能够为大学生健康成长营设良好的社会氛围，强化人与人之间的沟通交流，解决人们社会交往中存在的各种矛盾与问题，从而在促进个体社会关系发展中，为个体的美好生活营设良好条件。当然，最为关键的是，思想政治工作有助于形塑大学生自由全面发展的精神动力。大学生自由全面发展是内外因双重因素共同作用的结果，思想政治工作是一项旨在发掘大学生发展进步内在动力的工作，是一项从价值观念的维度，便开始塑造大学生人生走向的工作，由此，将极大限度地调动大学生成长的激情与动力，激发人的进取意识，开发人的精神潜能，使个体以饱满的热情和进取的精神对待自己的成长和发展，为个体的全面发展提供不竭动力。

四、高等教育管理学

高等教育管理学认为，高等学校的主要任务是"培养高级人才和研究高深学问，学术性都很强"。高等学校的教育目标是"保证和提高

---

① 《思想政治教育学原理》编写组．思想政治教育学原理 [M]．北京：高等教育出版社，2016：125.

培养人才的数量质量和学术水平"①。高等教育管理学就是高等学校在完成主要任务、达成教育目标的过程中，对各个过程要素实行计划、组织、指挥、协调和控制，以科学实现高等教育的目标。因此，高等教育管理的最终目标就是要保证和提高培养人才的质量，"培养出更多更好的专门人才"，大学生就是高等教育管理学研究的主要对象。

第一，培养人才的质量是评价高等教育管理成效的标准。高等教育管理的目标是培养人才，是有意识的活动，具有很强的方向性。对高等教育管理效率的衡量，应充分考虑教育培养人才的特点，重点关注教育主体一方的教师群体和受教育主体一方的大学生群体，关注他们的成长特点和规律，对本质性的属性要充分掌握，这是培养高质量人才的内在要求。培养人才作为高等教育管理的目标，是以社会效益为主来进行衡量的，高等教育作为有意识的活动，受一定的政治观、价值观、历史观的影响和支配。教育价值观的形成、教育目标的确立、教育内容的选择、教育方法的采用等，都是以对教育对象的了解为前提的，对教育对象成长的特点、现象，以至于对成长规律的了解，都是开展好高等教育各个环节的重要保证。只有掌握和了解支配教育对象成长的规律，才能有针对性地进行高等教育管理，才能培养出高质量的人才，才能提高高等教育管理的成效。

第二，大学生是高等教育管理的对象之一。管理对象的核心是人，高等教育管理的对象主要是教师群体和大学生群体。大学生作为高等教育管理的对象，有其自身的特点，"是有意识的个体，有主观能动性"，大学生的主动性"对于教育过程和管理过程产生很大的影响"②。大学

① 姚启和. 高等教育管理学［M］. 武汉：华中理工大学出版社，2000：5.
② 姚启和. 高等教育管理学［M］. 武汉：华中理工大学出版社，2000：7.

生在教育过程中，不仅接受教师的塑造，而且也是自我进行教育的过程，他们在接受教育和自我教育的过程中具有不同的特点。高等教育管理就是要调动大学生的主动性和积极性，使他们参与到教育与自我教育的过程中来，从这个维度来看，对大学生成长过程的规律的掌握和利用是高等教育管理过程的应然选择。

第三，高等教育管理的规律性与大学生成长规律的高度契合。对大学生成长规律的认识是高等教育管理的基础，高等教育管理"就是按照教育规律的要求来调节和协调高等教育活动中的各种关系，以保证高等教育目标和任务的实现"[①]。高等教育活动中的关系包括教师、学生和行政人员的关系（管理对象）、学术管理与行政管理的关系（管理类别）、过程管理与目标管理的关系（管理阶段）、管理与服务的关系（管理属性）等。处理好这些关系的根本就是遵循高等教育规律，在这些关系中，不管是哪种性质的关系，都离不开大学生的参与，因此，高等教育管理的规律和大学生成长的规律在这个层面是契合的。

五、人才学

人才学是"研究人才成长发展的客观规律的学科"[②]。人的成长是成才的基础，成才是成长的积极发展方向。对成长的研究目的就在于如何让成长过渡到成才，当代大学生的成长过程是成才"量变"的过程，有了"量变"的积累，才会最终实现成才"质变"的升华。因此，研究当代大学生的成长规律在一定意义上就是研究他们的成才规律。

第一，当代大学生的成长与人才成长的关键期高度契合。人才的成长规律是人才学研究的重要内容。研究人的成才必然要把研究人的成长

---

① 姚启和．高等教育管理学［M］．武汉：华中理工大学出版社，2000：32.
② 张骏生．人才学［M］．北京：中国劳动社会保障出版社，2006：2.

作为前提，研究人的成长必然把成才作为发展的方向。求学时期是人才知识基础建立的时期，要求"基础厚而知识博，智力高而才能强"，由此可见，学校教育是"人成其才"的关键时期，而大学教育阶段，是人才由继承期向创造期过渡形成的关键时期，是人才成长的关键时期，也就是说，当代大学生的成长作为大学教育阶段的成长是和人才成长的关键期契合的。大学教育阶段是知识、智力、技能、认知和实践建立内在联系的重要时期，这种内在联系的建立是人才成长质量的重要衡量标准。

第二，人才成长和当代大学生成长的共同点。综合性是人才学的学科属性，人才的成长过程是综合因素影响的过程，当代大学生成长的过程也是综合因素影响的过程，从这点来看，综合因素影响是人才成长和大学生成长的共同点。复杂性是人才学的学科特性，成长包括身心成长、思想品德成长、日常行为成长等，从这点来看，成长内容是人才成长和大学生成长的共同点。人才学也具有实践性，对成长现象的研究分析是为了归纳总结成长规律，对成长规律的归纳总结是为了更好地指导实践，从这点来看，目的的实践性是人才成长和大学生成长的共同点。

第三，成才是成长的积极发展方向。"人成其才"是指让人成长为人才，是人们对成长的理想化期望，也是教育的最终目标，教育就是要培养德智体美劳全面发展的社会主义建设者和接班人，当代大学生成长的过程就是教育的过程，就是教育他们成才的过程。对当代大学生成长的研究，对于家庭环境中的父母育才、学校环境中的教师育才，以及青年大学生自我主动成才都是极有现实价值的。人才应该具备较高的综合素质，不仅应该具备某一方面或领域的独特能力，而且应该是全面发展，具备综合素养，既有知识技能又有品德的人。我们对当代大学生成长规律的研究就是基于当代大学生成长的综合因素，分析他们成长的各种现象和特征，总结归纳出他们成长的规律。人的成长是合规律性与合目的性的统一，成才是成长的积极发展方向。

第四，成长是成才的基础。人才学认为，人才的个体成长分为"胎儿期、继承期、创造期、发展期"，胎儿期奠定了人的生理和心理成长的基础，这一时期人的成长和人才的成长是一个重合期。从出生到大学毕业是人才成长的继承期，这一时期，"基本上是重复了人类认识自然、社会、人生的过程，也就是继承前人创造的知识"①。当代大学生作为大学生这个身份成长的特定时期，就是人才成长的继承期，这是两者高度契合的一个时期。继承期成长的情况决定了是进入人才成长的创造期，还是继续一般意义上的成长，从家庭、社会、学校几个维度的主体来讲，主观上是希望当代大学生在这个时期的成长能朝着成才的方向发展。

---

① 张骏生. 人才学 [M]. 北京：中国劳动社会保障出版社，2006：2-3.

第三章　当代大学生成长规律形成的
时代境遇及特征

有研究认为，影响当代大学生成长的主要有三方面的因素：生物因素，即先天遗传因素，为成长提供了物质前提；自然因素，即后天的环境因素，对成长起决定作用；教育因素，即社会因素，在成长的过程中起主导作用。其中，自然因素和教育因素统称为环体因素，是影响当代大学生成长的最主要因素。境遇是指境况和遭遇，时代的境遇都发生和存在于时代所处的社会背景中。背景是指"对人物、事件起重要作用的历史条件或现实环境"①，社会背景是指当时的社会状况，包含政治、经济、文化等方方面面的内容，以及这些内容展现出来的社会历史条件和现实环境。因此，影响当代大学生成长的环体因素也可以统称为影响他们成长的时代境遇，包括成长的家庭环境、校园环境、社会环境等。总之，这些外在的环境构成了当代大学生成长的时代境遇，是影响当代大学生成长的主要因素，时代境遇也是影响当代大学生成长规律形成的主要因素。

---

① 辞海［K］.上海：上海辞书出版社，2009：129.

第一节　大学生成长规律与成长环境的关系

规律对事物的发展起决定作用，事物所处的环境对事物的发展有影响作用；规律对事物的决定作用是通过事物内部起作用的，环境对事物的影响作用主要是通过外部起作用的。马克思主义认为，人与环境的关系问题是正确认识社会发展和人的发展必须回答的一个重要问题。人类社会发展的历史表明，"每一代人开始活动的时候，都遇到现成的生产力、生产关系等社会环境，它们是前一代人实践活动的结果；生活在这种环境中的人又通过自己的实践改变环境"①。因此，马克思指出："人创造环境，同样，环境也创造人"②，"环境的改变和人的活动的一致"③ 统一于人的实践活动，"社会发展规律存在于人的实践活动之中，表现为一种最终决定人们行动的力量，不能离开人的实践活动空谈社会发展规律""社会发展过程是合规律性和合目的性的统一体，即一方面人们的实践活动必须遵循社会发展客观规律，人们的社会实践只有符合社会发展客观规律才能实现；同时，人们的实践活动受自己目的的制约，因为在社会历史领域，人是有目的、有意识的人"④。

一、社会环境在当代大学生成长过程中的作用

当代大学生的成长首先是自我的成长，其次是"自我"与相关的

---

① 《马克思恩格斯列宁历史理论经典著作导读》编写组．马克思恩格斯列宁历史理论经典著作导读 [M]．北京：人民出版社，高等教育出版社，2012：19.
② 马克思恩格斯文集（第1卷）[M]．北京：人民出版社，2009：545.
③ 马克思恩格斯选集（第1卷）[M]．北京：人民出版社，1995：55.
④ 肖燕飞．马克思社会发展规律思想研究 [D]．武汉：武汉大学，2013.

"人""事"相处能力的成长，对这两个"成长"起到影响作用的是"自我"所处的社会背景。自我成长属于主观层面的成长，主要和自我的意愿、能动性等特质有关，如何去积极适应客观的环境，以达到自我成长的主动性，也是衡量自我成长质量的重要观察指标。和成长密切相关的客观层面的因素主要是"自我"与"人""事"相互作用的环境。

环境一般是指围绕人类生存和发展的各种外部条件和要素的总体，在时间与空间上是无限的，分为自然环境和社会环境。① 社会环境对人的成长发展起到了非常关键的作用，对当代大学生成长环境的分析，主要是对成长的社会环境的分析，是基于思想政治教育学原理的范畴，在思想政治教育环境的概念下进行分析。思想政治教育环境，是指"影响人们的思想与行为、影响思想政治教育活动开展的外部因素的总和"②。当代大学生成长的环境是当代大学生成长规律发生作用的外部条件。人的成长是社会化的过程，是人的个体与社会大背景相互作用的过程。社会化是指人在特定的社会背景中，发展出自己独特的价值观，在此价值观影响下的行为和态度能够适应社会并产生积极作用的过程。对当代大学生成长规律的研究，离不开对他们社会化过程的研究。成长从本质上讲也是社会化的过程，社会化绕不开对成长的社会背景的了解与掌握。在成长与社会化、成长与环境等几组关系中，社会化理论的应用是必不可少的，社会化理论是研究个体社会化的过程、内容、方式、机制、作用的理论。环境是当代大学生成长和其社会化结果之间的"介质"，在社会化的过程中，当代大学生与社会是统一的，成长的过程离不开社会背景。高等学校是社会环境的一部分，是当代大学生成长

---

① 辞海［K］. 上海：上海辞书出版社，2009：947.
② 《思想政治教育学原理》编写组. 思想政治教育学原理［M］. 北京：高等教育出版社，2016：317.

的主要环境之一，也是他们社会化的重要场所。在高校这个微观社会环境中，教育者主体通过教育传递主流价值观、集体意识、道德观念、制度规则等，使大学生社会化并个性化，目的是维持社会的同一性和多样性；班级是校园这个微观环境中的一部分，是当代大学生社会化的重要场所，在这个场所传递社会文化并使之内化于学生。以学业成绩为标准的选拔和择业就业机制，为大学生进入宏观社会环境进行社会化做好过渡及铺垫准备。

二、成长规律与成长环境的关系

社会物质生活条件对当代大学生成长的能动作用有制约的因素，当代大学生的成长是由不同的实践活动组成的，他们的实践活动具有主观性，这些主观性的实践活动首先是在环境中进行的，环境具有一定的客观性，环境对于当代大学生有目的的社会实践活动，即成长过程，有着影响和制约的作用。人的实践活动和环境的关系是主体与客体的关系，也是作用和反作用的关系。马克思主义认为，"无论是自然界还是人类社会的发展变化，都是有客观规律的。实践就是正确认识与处理客观规律性和主观能动性关系的活动过程"①。虽然人们不能改变规律起作用的客观性，但人们可以改变规律发生作用的条件和形式，使事物朝着有利的方向发展。当代大学生的成长规律对大学生的成长起着决定性的作用，改变成长环境的"条件"和"形式"，会使当代大学生的成长朝着好的方向发展，才能真正使"成长"阶段发生质的改变——过渡到"成才"的理想目标阶段。在成长规律范畴，成长的自我主体与他人的关系和成长的个人主体与群体的关系是最主要的两个关系，这两大关系

---

① 本书编写组．马克思主义基本原理概论（2013年修订版）[M]．北京：高等教育出版社，2013：39.

发生相互作用离不开所处的成长环境。仅仅强调成长的主体性和能动性，很难全面地反映成长主体与成长环境的关系，不能客观地反映成长环境对成长主体的影响和相互作用，也很难归纳和掌握成长主体的成长规律。

马克思主义认为，"人们在自己的社会物质生活过程中发生一定的、必然的、不依他们的意志为转移的关系，即同他们的物质生产力的一定发展阶段相适应的生产关系；这些生产关系的总和构成社会的经济结构，即有法律的和政治的上层建筑竖立其上，并有一定的社会意识形态与之相适应的现实基础；物质生活的生产方式制约着整个社会生活、政治生活和精神生活过程"[①]。规律发生作用的条件和形式主要是受事物所处的环境的影响，外在环境对事物的影响主要表现在事物外在的现象上，这就给人一种假象，人会把不同环境中表现出来的不同的现象，认为是事物的发展变化并没有被规律支配。

环境是规律与规律支配下事物发展变化外在表象（现）之间的"媒介"。不管是宏观成长环境还是微观成长环境，同属于影响当代大学生成长的环境。研究事物的本质，就是要弄清楚构成事物各个要素之间的联系，弄清楚各个要素之间的矛盾关系。成长规律与成长环境是辩证的关系，成长环境对成长规律起作用的程度有较大的影响。研究当代大学生的成长规律，首先就要弄清楚当代大学生成长所处的环境。成长规律支配当代大学生的成长过程，成长环境影响当代大学生的成长质量，对成长环境的了解是研究成长规律的前提，研究成长规律的目的是利用规律有预见性地指导成长过程，了解成长环境如何对成长过程产生影响，进而对于成长环境进行有益的建设，使成长趋向朝着好的方向发

---

① 马克思恩格斯选集（第 2 卷）[M]. 北京：人民出版社，1995：32.

展，促进当代大学生成长的同时，实现"成长—成才—成熟"的思想政治教育目标。

当代大学生的成长符合正态分布规律，抑或属于激励范畴，只要给予正确的信息反馈，他们就会向正确的方向发展。他们的成长和成长的环境有着密切的关系：心理成长，除了自身的正向激励之外，还受外部环境的影响，它会潜移默化地对心理成长产生影响。当代大学生思想品德的成长是在社会实践的基础上，主客观因素相互作用、相互协调的产物，也是主体内在思想矛盾中转化的结果。当代大学生日常行为的成长，受朋辈指引或朋辈影响比较大。除此之外，大学生日常行为，既有社会性的一面，又有"非社会性"的一面，社会需求的迫切感同社会的割裂现状共存，既想快速融入社会，大学生但与社会又有差距。当代大学生正处在国际国内形势发生重大变化和深刻变革的时代，他们的立场、观点和方法与时俱进、不断创新。

第二节　影响当代大学生成长规律形成的时代境遇

马克思主义认为，"存在决定意识"，人们的思想、观念是客观世界影响的产物。四十多年来的改革开放造就了新的环境、新的现实，使人们的思想随之发生了新的变化，出现了新的特点。当代大学生出生的年代，正是我国改革开放事业如火如荼开展之际；当代大学生成长的年代，是我国社会快速变革的时代、多元化发展的时代。因此，他们受各种社会现象风气和多元文化思潮的影响是比较大的。当前我们正生活在一个崭新的时代，在这个时代，世界正处于大发展、大变革、大调整时期，世界多极化、经济全球化、社会信息化、文化多样化深入发展。世界经济增长动力不足，全球贫富分化日益严重，地区不稳定因素增加，全球治理体系和国际秩序变革加速推进。西方资本主义国家从没有放松对我国的西化战略，国际格局一超多强、此消彼长，世界形势风云变幻、动荡加剧；在这个时代，科学技术迅猛发展、日新月异，新生事物次第诞生、层出不穷；正是这样一个新时代造就出了当代大学生成长的新的社会背景，即经济全球化、文化多样化、生活科技化、交往虚拟化和家庭多元化。特定的背景环境塑造了特定的时代特征，特定的时代特征形塑了当代大学生独特的时代特点和时代印记，也形成了特征鲜明的成长特征和规律。大学的高等教育阶段是人才培养的重要环节，是培养大学生树立正确人生观、价值观和世界观的重要阶段。这些新的社会背景无疑对当代大学生的健康成长提出了新的困难、新的挑战、新的希望、新的机遇、新的课题和新的要求，需要整个社会去面对、去思考、去分析，去挖掘、去化解、去引导，去解决、去利用；需要所有参与当代大学生成长过程的教育主体去研究、去创新。

一、经济全球化

经济全球化是指"世界各国在经济上的联系日益加强，从而经济活动的全球性日益加深的过程"①。

（一）经济全球化成长环境概述

经济全球化的主要特征是商品、服务和各种生产要素跨国界流动的障碍日益减少，管理国际经济活动和交易网络的组织结构不断出现，跨国公司迅速发展，各国经济的相互依存和相互影响日益加深。各国实行

---

① 辞海 [K]．上海：上海辞书出版社，2009：1146．

开放型的发展战略和经济体制是经济全球化的基础，运输、通信和信息技术的迅速发展和进步，有力地促进了经济全球化的发展。

（二）经济全球化成长环境的特征

应当说，是资本主义的生产方式催生了经济全球化。早在 1848 年，马克思、恩格斯在《共产党宣言》中就指出："资产阶级，由于开拓了世界市场，使一切国家的生产和消费都成为世界性的了。""资产阶级，由于一切生产工具的迅速改进，由于交通的极其便利，把一切民族甚至最野蛮的民族都卷到文明中来了"。[①] 在今人看来，马克思、恩格斯所经历的经济全球化只能算作全球化的初始阶段，真正的经济全球化时代的来临则是在 20 世纪 90 年代，随着互联网技术的推广与普及，"信息高速公路"把偌大的地球变成了一个"村落"，经济全球化正式到来。伴随着现代航运与通信技术的发展与运用，经济全球化带来了贸易全球化、投资全球化、金融全球化和跨国公司生产经营全球化。

（三）经济全球化对当代大学生成长的影响

经济全球化打破了封闭，促进了开放，使大学生们具有了开放的观念；经济全球化打破了分割与孤立，促进了世界一体化，使大学生们具有了全球化视野；经济全球化促进了国际的先进技术与管理经验的引入，有利于大学生们的创新意识与企业家精神的培养；全球化带来了资本、技术和人力资源的竞争与流动，有利于其竞争意识、效率意识的培育。

1. 经济全球化成长环境对当代大学生成长的挑战

从国家层面来讲，我国主动融入了经济全球化的潮流。然而，国际

---

① 马克思恩格斯选集（第 1 卷）［M］. 北京：人民出版社，2012：404.

上经济全球化浪潮与国内社会的急剧转型相互交织，致使以社会、学校和家庭为主的德育大环境在这样的背景下也显得复杂多变，进而对当代大学生的成长带来了严峻的挑战。

第一，消解当代大学生对民族工业的依托感。跨国公司主要是指发达资本主义国家中的一些资本雄厚、规模巨大、技术先进、以本国为基地，通过对外直接投资，在国外设立分支机构或子公司，从事跨国界生产经营活动的国际性垄断组织。跨国公司在全球的迅猛发展，挤占了发展中国家民族工业的竞争空间，导致发展中国家的民族工业面临严峻的生存竞争，对发展中国家民族工业与产业的发展产生强烈的冲击，这种冲击在一定程度上会消解当代大学生对民族工业体现出来的民族精神的依托感。

第二，消解当代大学生民族国家意识。经济全球化在促进世界各国的经济从封闭走向融合、依存的同时，一些发达国家却凭借其技术优势和经济上的优势，通过主宰全球文化交流和信息传播，利用各种场合向一些后发国家宣传、灌输资产阶级的意识形态、思想文化和价值观念，加紧对这些国家的"西化"和"分化"。在这种"西化""分化"的影响下，商品、文化的生产方式，人们的生活方式及消费方式也逐渐被"同质化"。有研究者指出，"一些西方发达国家大力蚕食其他国家的传统文化阵地，试图从根基上销蚀发展中国家人民对本民族文化的认同感。西方发达国家通过电影、电视、广播、互联网、书籍、刊物、广告等手段进行文化产品的倾销，公开或隐蔽地推销其社会政治理念、意识形态和生活方式，潜移默化地影响发展中国家的一些人，特别是年轻人的生活方式、思维方式、行为方式以及文化消费倾向"①。面对这种

---

① 向红. 经济全球化时代发展中国家的困境与出路 [J]. 中国人民大学学报，2010 (6).

"同质化"趋势，如何以社会主义核心价值观引领社会思潮、积极弘扬民族精神，增强民族自尊心与自豪感，更好地培养大学生的民族意识，是经济全球化环境下对当代大学生成长的一大挑战。

第三，对教育主体的素质与权威提出了挑战。随着经济全球化浪潮的推进，人们在学习、接受发达国家先进文化、科学技术和管理经验的同时，其精神生活也受到了严峻的冲击。非主流的社会思潮对教育工作者产生了一定的负面影响，使得他们的思想素质在一定程度上受到了削弱，影响到了这支队伍的人心稳定和教育的效果。与此同时，虽然网络的普及使我们看到了它所独具的信息传播的及时性、综合性、开放性等特点，但同时也对教育工作者的权威提出了挑战，"全球化背景下，在传统的思想政治教育过程中，教育者获得信息的优势地位日渐减弱了，有时甚至会处于信息劣势地位"①。如果高校教育工作者没能掌握足够的信息，没有去关注一些社会热点问题或者没有对一些社会问题形成自己的观点，思想观念没有及时更新，视野没有得到拓展，一定程度上可能导致其权威受到质疑与消解。

2. 经济全球化成长环境对当代大学生成长的机遇

第一，为当代大学生成长提供了更加开放的环境。经过改革开放四十多年的发展，我国业已处于一种全方位、宽领域、多层次的对外开放的格局之中，而这一进程无疑是伴随着经济全球化的深入发展而出现的。中国的改革开放赶上了经济全球化浪潮的东风，使得中国这艘大船得以顺利地扬帆起航，共济沧海，进而在经济、科技、文化领域与世界同步发展；经济全球化为中国的改革开放提供了广阔的国际舞台，极大地推动了我国全方位、宽领域、多层次的对外开放，提升了中国现代化

---

① 姜正国. 全球化背景下的高校思想政治教育创新研究 [M]. 长沙：湖南人民出版社，2011：9.

的规模、速度、程度与水平。换言之，中国的对外开放与世界的经济全球化相伴而生，互相借力，形成了中国离不开世界、世界也离不开中国的当代国际新格局。经济全球化为当代大学生的成长提供了一个竞争与开放的环境，这种环境为加强各国之间的交流和学习提供了良好的平台，有利于提高当代高等教育的开放性，进而增强当代大学生的开放意识，拓展其国际视野，培育其竞争精神。

第二，提升了当代大学生的国际化视野。在经济全球化的背景下，当代大学生的成长呈现出国际化趋势。一方面，经济全球化带来了大学生观念与意识的国际化。经济全球化涉及经济、政治、文化等人类社会各个领域，在一定程度上打破了民族之间精神、文化上的壁垒，促进了各种思想观念在全球范围内的流动，从而推动了大学生思想意识与价值观念的国际化；另一方面，经济全球化带来了教育的国际化，教育的国际交流与合作的增加，使得当代大学生的出国学习与深造更加便利，有利于大学生在面对多元价值的碰撞、异质文化的交融时，培育出一种积极的心态、全球意识与合作精神。此外，高等教育明确指出要全面提升大学生的综合素质、国际视野、创造能力等，这也是全球化背景下增强我国高等教育的国际竞争力和话语权的重点所在。大学生国际视野的开拓，不仅有利于自身的全面成长，也使得该群体作为时代未来的建设者，拥有更开阔的眼界，为国家的长远发展注入了活力。访谈结果显示，85%的访谈对象认为，经济的全球化和国际交流的日益广泛虽然对当代大学生的祖国归属感和政治信念提出了挑战，但事实证明面对经济全球化的影响，当代大学生的爱国热情、祖国归属感和对社会主义制度的政治信念是坚定的。

二、文化多样化

文化是指"人类在社会历史发展过程中所创造的物质财富和精神财富的总和"①。

（一）文化多样化成长环境概述

"文化是民族生存和发展的重要力量。人类社会的每一次跃进，人类文明的每一次升华，无不伴随着文化的历史性进步"②。不同民族、不同地域的文化又形成了人类文化的多样化。文化多样化有广义和狭义之分，广义的文化多样化是指因地域和民族及其发展阶段的差异形成的世界不同国家间或民族文化；狭义的文化多样化是指一国或一个民族在继承本民族优秀文化传统，吸收、借鉴他国或他民族文化的基础上，所形成的多元素民族文化。

（二）文化多样化成长环境的特征

一方面，人类世界文化本来就是多元的，这种多元性是基于民族的多样性和地域的差异性而存在的。历史上，由于交通的不便与通信的不发达阻碍了世界各国各民族多元文化的传播与交流，使得广义上的文化多样化较少进入我们大多数人的视野。在经济全球化、世界一体化的今天，各国多元文化的传播与交流的障碍被打破，相互交流与展现的机会倍增；"互联网技术和新媒体改变了文艺形态，催生了一大批新的文艺

---

① 现代汉语词典 [K]. 北京：商务印书馆，2012：1363.
② 中共中央宣传部. 习近平总书记在文艺工作座谈会上的重要讲话学习读本 [M]. 北京：学习出版社，2015：2.

类型，也带来文艺观念和文艺实践的深刻变化"①。互联网的普及为多元文化的交流提供了一个相互展示、学习和交流的平台，一时间让世人感受到了世界文化的丰富性与多样化。另一方面，一个国家或一个民族在社会发展过程中形成的文化也是一种多元化生态，包括：主流文化、高雅文化、大众文化和民间文化，这四种文化元素在现实生活中相互共存、相互转化、相互生成。文化多样化有四个方面的特点：多元共存，和而不同，融合创新，长期稳定。也因有此特点，2001 年，在联合国教科文组织通过的《世界文化多样性宣言》中，确认了文化多样性和生物多样性、语言多样性的相互关系，并将这种联系上升为生命多样性的构成内涵。显然，我们生活在一个文化多样化的环境里，多元文化并存。

与此同时，各种社会思潮涌现。在西方，自由主义、保守主义、民族主义、民主社会主义、存在主义、行为主义、马克思主义和后现代主义等思潮"你方唱罢我登场"，反映和影响了西方社会的发展趋势和走向；在国内，尽管马克思主义主流意识形态和文化始终处在指导地位，但改革开放以来的新自由主义、新权威主义、历史虚无主义、新民族主义、新"左"派、新儒学等社会文化思潮也轮番登场。"改革开放以来，我国经济发展很快，人民生活水平提高也很快。同时，我国社会正处在思想大活跃、观念大碰撞、文化大交融的时代，出现了不少问题"②，这些不同的思潮试图通过展示各自的立场、观点与韬略来反映部分社会民情，影响党和政府的决策和施政。

---

① 中共中央宣传部．习近平总书记在文艺工作座谈会上的重要讲话学习读本［M］．北京：学习出版社，2015：13．

② 中共中央宣传部．习近平总书记在文艺工作座谈会上的重要讲话学习读本［M］．北京：学习出版社，2015：25．

（三）文化多样化对当代大学生成长的影响

一方面，多样文化的交流与传播使大学生们开阔了视野、扩展了胸襟，有助于他们树立费孝通先生所提倡的"各美其美，美人之美；美美与共，天下大同"的和谐世界的意识，培养他们对和谐社会的包容形态与多元化的认同；而各种思潮的并存也使大学生们了解到世界的多样性与社会的复杂性，有助于他们树立系统的、历史的、发展的、全面的辩证唯物主义和历史唯物主义的世界观和方法论。另一方面，经济全球化与世界一体化背景下的文化多样化容易让大学生们忽略文化的独特性与民族性，进而形成其普世价值观，对外来文化进行盲目崇拜和吸收；在国际上，多元文化交流和传播中出现的西方文化霸权主义又有可能引发青年大学生们的文化民族主义，进而出现对外来文化的一概拒绝与排斥；文化认知方面，国家间文化传播的经济决定论和盲目推崇心理，也易引发大学生们对西方发达国家文化的认同与膜拜，和对发展中国家文化的矮化与不自信。在当代中国，社会上不少人缺乏文化自觉和文化自信，"以洋为尊""以洋为美""唯洋是从"，认为"洋"的东西就是美的东西，热衷于"去思想化""去价值化""去历史化""去中国化""去主流化"等。还有一些人，套用西方理论来裁剪中国人的审美，甚至用简单的商业标准取代艺术标准，把文化作品完全等同于普通商品。① 文化多样化对当代大学生的影响同样需要辩证地看待。

1. 文化多样化成长环境对当代大学生成长的挑战

由于经济全球化、科技一体化、信息网络化的发展，世界各地文化发展的状况不再处于各自封闭、孤立的状态，多元文化相互交流"交

---

① 中共中央宣传部. 习近平总书记在文艺工作座谈会上的重要讲话学习读本［M］. 北京：学习出版社，2015：20.

融"交锋日益频繁的局面逐渐形成，并且成为现代世界的一个炫目景观，引起了人们的普遍关注。多元文化为人们的交往及未来的生活拓展了更加广阔的空间，但也带来了信仰的迷失、价值观的混乱、道德的冷漠以及教育软环境的恶化，从而使大学生的成长面临现实的挑战。

第一，冲击当代大学生对马克思主义的信仰。历史发展表明，思想信仰的失落和缺乏，往往是一个民族衰弱的表现，并且是造成一个民族历史性悲剧的精神缘由；思想信仰的坚定和明确无疑会使一个民族具有临风傲雪的精神力量。信仰是主体关于人生意义和生活态度的最高理想和信念，并成为人培养忠诚、奉献、勇敢、担当等品质的强大动力。没有信仰，"就像一座庙，其他各地方都装饰得富丽堂皇，却没有至圣的神那样"①。随着经济全球化的深入发展和对外开放的持续推进，中外思想文化的交流、交融、交锋不断加剧，马克思主义面临着各种反马克思主义思潮和非马克思主义思想的挑战。大学生在多元文化的冲突面前突兀地接触不同，甚至相互矛盾的各种信仰，出现了不同程度的信仰迷失。部分大学生表现出对理想信念的漠然和冷淡，在理想信念的精神家园中迷失了前进的方向，以及对信念的追求与坚守，在思想信仰上对马克思主义和社会主义的坚定性出现了不同程度的松动、疑惑、彷徨。

第二，对大学生思想政治教育主旋律内容的挑战。大学生思想政治教育的顺利实施，前提是要"有德可依"。思想政治教育的内容是教育者用来培养受教育者，让他们内化一定的思想意识、政治观念、世界观、道德规范等，并将其外化为行为习惯。思想政治教育内容的设置要以实现思想政治教育的目标为导向，以社会文化为基本素材来源。实际上，长期以来，我国高校思想政治教育的内容偏向于政治理论教育，内

---

① 黑格尔. 逻辑学（上）[M]. 北京：商务印书馆，1966：2.

容的理论素材浓厚，这就让大学生感到枯燥无味，难以在课堂上集中注意力，或化被动学习为主动学习。另外，思想政治教育教材的内容相对滞后，与大学生日常生活、学习的需要存在一定的脱节现象。当代大学生关注的焦点、热点主要在于诚信教育、社会公德、就业、恋爱观、婚姻观、心理健康、社会公平公正等方面的内容，但是思想政治教育教材的内容却脱离大学生思想实际，没有或者是很少涉及大学生关注的这些实际问题，由此导致一些思想敏感、政治敏锐的大学生对思想政治教育产生抵触和厌烦的心理。

随着文化全球化的发展和多样文化社会的形成，多元多样文化在大学校园渗透，多样文化对大学生思想政治教育的内容提出了严峻挑战。一方面，出现在当代大学生面前的不是单一的文化体系、价值标准和价值判断，除了民族文化和本土文化、主流文化外，各种大众文化、网络文化、消费主义文化等文化形态、思想思潮纷至沓来，处于青春期的大学生们正面临人生成长的关键时期，对各种价值观念和道德标准缺乏一定的辨别能力，容易产生困惑与无所适从之感。因而，在这种情况下，假如仍然只根据社会主义主流文化来选择思想政治教育的内容，就易导致思想政治教育的内容没有紧跟生活实际，无法适应社会发展和大学生个体发展的需求，不能够解决现实生活中的思想政治问题，反而会使大学生对思想政治教育内容更加抗拒。所以，如何在围绕主流文化的基础上，博采众长，融合本土文化与外来文化、传统文化与现代文化、主流文化与亚文化而取其精华、去其糟粕，确定适应时代发展需要的思想政治教育内容，就成为摆在高校教育面前一个迫切需要解决的现实难题。另一方面，在文化多样化背景下，大学生在接受思想政治教育的过程中更加重视价值选择、道德判断和能力的获取等方面的知识，而不甘愿单纯地做道德知识灌输的"美德袋"。因而，在多样文化时代，我们只有立足现实生活和大学生思想实际，直面多元多样文化的社会现实，根据社会发展需要和大学生思想意识、价值观念等特点，选择多样性的教育内容，才能让大学生对思想政治教育产生认同。多样化的文化环境对当代大学生的思维方式产生了一定的影响，虽然多样文化有助于吸收和借鉴世界文明的精华，但多样文化的广泛传播也将在一定程度上增强大学生对传统文化的排斥感，并改变了大学生们的情感表达和思维方式。西方文化借助于科技手段和信息化手段，使其具备了表面上的所谓"强势地位"，进而对我们的民族文化价值观形成"打压"态势，对主旋律形成干扰，并弱化当代大学生的道德素质。

第三，对当代大学生价值观的冲击。文化的核心是价值观，伴随多元文化而来的是多样多元的价值观念。这其中，既有正确、科学、合理的价值观念，比如竞争意识、民主等；也有错误腐朽的思想，如极端个人主义、享乐主义、拜金主义等，满足了人的虚荣心和短暂的快感，使得"陷入校园贷""随意翘课""考试作弊"等现象屡见不鲜。总体而言，多样文化对大学生的思想意识、价值观念、道德判断等方面带来了冲击。

首先，大学生价值判断和道德选择迷茫。价值观是民族文化的核心精神，集中体现了一个国家的信念与理想追求，并对相应的社会制度和社会行为等产生广泛而持久的影响。改革开放和市场经济的发展让人们在享受高度发达的物质文明成果的同时，也使得有些人在价值取向上出现错误和偏差，将金钱神秘化，以追逐、获取金钱作为人生目的和生活的全部以及衡量人生价值的唯一标准，导致拜金主义逐渐蔓延。访谈结果显示，访谈对象基本上都认为，"文化多样化+网络技术便捷化"加速了多样化文化对当代大学生的影响。这种影响主要是对当代大学生价值观的影响——价值选择取向的多元化。

其次，民族认同感减弱。民族认同是指"民族成员在民族互动和民族交往的过程中，基于对自己民族身份的反观和思考而形成的对自民族（内群体）和他民族（外群体）的态度、信念、归属感和行为卷入，以及其对民族文化、民族语言和民族历史等的认同"①。民族认同包括对民族价值观、民族精神、民族文化等方面的认同，所以，民族认同与文化认同密切联系。加强对一种文化的认同必将会弱化对另一种文化的认同，势必导致对本民族精神和民族文化、民族价值观等的认同感、归属意识的降低。

在文化多样化背景下，大学生面临多元多样文化和价值观的选择，在进行价值选择和判断时，每个人根据自身需要会选择不同的价值观。比如，有些大学生会选择与社会主导价值观相对抗的价值观，不是相信单一的社会主导价值观；有些学生信奉宗教，甚至相信西方平民英雄主义价值观等。个别大学生思想蜕化，盲目崇洋媚外，国家和民族意识淡化，抛弃中华民族文化、亵渎中华民族宝贵的民族精神、否定排斥民族优良传统美德，对政治理念的追求仅在表面，最终将减弱大学生的民族认同感，甚至出现大学生的民族认同危机。

总而言之，在多样文化面前，大学生一旦迷失自我，必将为此付出代价，而引导大学生健康成长，也是时代为高校教育提出的要求。

2. 文化多样化成长环境对当代大学生成长的机遇

在坚持中国特色社会主义文化发展道路、努力建设社会主义文化强国的进程中，我们在客观上又处于多元文化的现实背景之中。文化的多样化是一切教育活动的共同视域。大学生理想信念教育，从本质上讲，就是用社会主义核心价值体系引领大学生树立起科学的人生价值观的一

---

① 万明钢.多元文化视野：价值观与民族认同研究［M］.北京：民族出版社，2006：17.

项教育实践活动。多元文化的发展及其文化生态的形成，为我们在新形势下加强和改进大学生理想信念教育，努力增强其教育实效性提供了重要契机。

第一，多样文化丰富了思想政治教育的教学内容，有利于发挥思想政治教育的渗透性和感染性功能。多元文化具有丰富性，其在社会生活中的传播，为思想政治教育提供了新的思路与新的内容。凭借互联网的迅猛发展，多元多样文化借助网络传媒等途径构建了大学生常识知识系统，深度融入了日常生活，并对大学生的思想政治观念施加着影响。此外，多元文化在新媒体等载体的"帮助"下，不仅能充分发挥文化多样性的渗透性和感染性功能，同时依靠新兴媒介便捷、生动的特点，也能在一定程度上弥补学校教育内容的单调等不足。

第二，文化多样化丰富了大学生的生活，使大学文化呈现出富有时代气息的理性精神，即自主、自信、自立、自强。在文化多样化背景下，大学生不再拘泥于传统理念，而是从世界多元文化的视角去审视问题，并且更加注重自身主体意识的培养，个性化意识增强，个体本位凸显，这在很大程度上为大学生的成长提供了积极向上的内在动力。

第三，文化多样化使得大学生受教育的空间更加广阔，有利于教育模式的转变。我国有着包容的文化环境，不同文化的交融碰撞为大学生接触多元多样的文化提供了机会，无形之中打开了受教育领域和教育内容的大门。随着社会经济的发展、社会物质生活的极大丰富，人们的精神文化也日趋充实。大学生的心理倾向不是一味地崇拜权威、顺从长辈、循规蹈矩，而是崇尚个人选择。多元文化的这样一种传播体制和发展渠道，会促使大学生思想政治教育体制和思维方式的转变，甚至是改组解构。

三、生活科技化

生活科技化亦即科技化生存，它是指人类生活中无处不在的科技烙印和科技对生活的影响。

（一）生活科技化成长环境概述

在第一次工业革命出现以前，农业中基本无科技可言，工业中也只受到较少的科技影响。到了 19 世纪，第二次工业革命出现之后，科学技术才开始成为工业中的重要力量。20 世纪 50 年代，随着第三次工业革命的到来，特别是 20 世纪 90 年代互联网技术的广泛运用，科学技术开始全面地渗透与影响人类社会生产和生活的各个领域。现代工业生产的产品无不体现出科技知识的力量和科技成果的凝聚；现代农业也越来越依赖于科技的运用，传统的选种、耕作、收割、农艺加工和销售都日益科技化，大大地提高了生产效率；人类的现代交往与生活也日益受到科技的左右，转基因、克隆技术进入生活；现代战争更是信息化与智能化，文学、艺术的生产与传播也越发科技化，现代社会的政治、经济、管理和法律等活动都展现出科学技术的影响。

（二）生活科技化成长环境的特征

现代科学技术的迅猛发展与推广运用，彻底地改革了人类的生产方式与生活方式，引发了人们生活和生存的科技化趋势。在 21 世纪的今天，人类的衣、食、住、行等方方面面无不展现出科技化的因素。制作服装的材料生产离不开现代种植业、畜牧业和化工业，衣服的生产、销售、洗涤和保养离不开现代科学技术；农作物的育种与生产离不开现代生命科学、化工科技和机械的应用，粮食的仓储、运输离不开科学技术的支持，食品的加工、生产和销售离不开现代科学技术的辅助；人类的住房从选址、奠基到修建离不开工民建技术；修房造物使用的原材料，如钢筋、水泥和防水材料，包含着现代科学技术的因素，房屋的装修与家具更是大量地打上了现代科学技术的印迹；人们的交往与出行离不开现代科学技术，如电话、无线电和网络，自行车、汽车、火车、轮船和飞机，更别说航天器和真空管高铁了。从人们日常使用的发胶、洗发水、面膜、护肤霜、口红、香水等，到剃须刀、剃须膏和牙膏、牙刷等，无不反映现代科学技术对生活广泛而深入的影响。一句话，科技改变了生活，离开现代科技，人们的生活将会回到刀耕火种的时代。

（三）生活科技化对当代大学生成长的影响

一方面，现代科学技术的发展与运用，给当代大学生们带来了生活的保障，有助于他们安心学习；现代科学技术给大学生们带来了出行的便利，有助于他们"读万卷书，行万里路"；现代科学技术给大学生们带来了健康的体魄，使他们能够借助于现代医学，随时知晓自己的健康状况，继而随时调节自己的生活节奏与饮食习惯。另一方面，现代科学技术的推广与运用，虽造福了人类，但又娇惯了人类。现代科学技术在让我们生活富足的同时，也使得欲望无尽蔓延；现代科学技术在让我们出行便利的同时，也滋生了懒惰；现代科学技术在不断激发和挖掘人的潜能的同时，却使人忘却了天人合一的道理；现代科学技术在不断地征服自然与改造自然的同时，却忽略了生态的平衡与环境的保护；现代科学技术在征服世界、推举科技主义、促进发展的同时，却在一定程度上，不知不觉地迫使人文主义让位，带来了科学伦理、技术伦理的纠结与滑坡，带来了人类道德的堕落与心灵的残疾。换言之，生活科技化对培养当代大学生对人类有更高的道德责任感、自律意识、集体主义观念和协作精神提出了新要求。

1. 生活科技化成长环境对当代大学生成长的挑战

第一，对国家文化、文明构成挑战与冲击，工具理性和实用主义盛行。科技异化在思想领域表现为工具理性主义和实用主义的盛行，并给国家文化和文明构成巨大的挑战和冲击，这为大学生的成长带来巨大的挑战。生活科技化对国家文化、文明、人文精神中的审美情趣、文化发展规律、价值观构成挑战和冲击。当代大学生更加依赖于电子科技产品，弱化了生活自理能力。

第二，加剧人、自然、社会关系的异化并引发严重的精神危机。在生活科技化条件下，人际间的冲突主要表现在利益的矛盾分歧和人际间情感的淡漠。"人对物的依赖关系"代替了"人对人的依赖关系"，并在此基础上确立了"人的独立性"。利益上的分歧使人际间的关系日益复杂化，人际间情感和思想上的交流日益减少。

2. 生活科技化成长环境对当代大学生成长的机遇

现代科技在生产生活中的运用和渗透，为大学生提供了便捷的生活和学习方式，如上网课、旅游、网购等，并帮助他们时刻关注获取有用的信息，使大学生体验了科技化带来的便利，开拓了成长空间。此外，生活科技化从根本上有利于大学生科学精神、创新意识的培养和先进思维方式的发展。

第一，有助于他们克服落后、愚昧的思想，为成长奠定思想基础。在人类历史上，科技始终是革命的力量，是战胜愚昧迷信的锐利武器，精神世界里的许多愚昧、落后现象都是在"科学知识尚未插足的一些领域里"① 发展起来的。大学生在生活科技化的成长环境下，借助科技

---

① 爱因斯坦文选（第 3 卷）[M]. 北京：商务印书馆，1977：184.

的力量或是获取科学知识，能够及时接触到先进的思想，改变落后的思想。科技对生活最大的影响就是便捷性。智能手机给沟通带来了便捷；自动驾驶给出行带来了便捷；移动支付给交易带来了便捷。现在的大学生从小就生活在科技给生活带来的便捷里，现在这一代大学生的眼界和见识远远高于前几代学生的认知，眼界和见识的增长意味着学生认知范围的扩大，认知范围的扩大必然导致个体知识储备的提升，这也间接促进了学生的成长、成才。

第二，有助于培养当代大学生的科学精神和先进思维方式。纵观人类科技史，科技每前进一步都离不开人们求实创新、开拓进取的科学精神和适当的思维方式。关于生活科技化有助于培养当代大学生的科学精神和先进思维方式方面，有观点认为，科技使生活更便捷舒适，青年大学生更关注电子科技产品的更新迭代，这方面的兴趣更能激发他们的科学研究与创新力。有观点认为，科技化带来的最大便利是解放了人类的生产力，使得人能够摆脱日常烦琐且重复的大量工作，从而使得大学生将其自身的智力资源投放到一些"创造性"工作中。也有观点认为，科技化对大学生成长的直接影响就是让学生能够将更多的时间和精力投放到自己感兴趣的事物上去，从而更大概率地让学生发现自己的擅长领域。

四、交往虚拟化

大数据时代的到来，使得人类的生活几乎全部被纳入数字网络体系，营造了人际交往的虚拟世界，并在此实现了借助技术设备进行的信息共享。人们"从网络中的海量信息中筛选并确定自己的交往对象，依据志趣相投的原则纳入不同的人际交往圈子，借助移动互联网络上的社交平台实现人际交流（信息分享），进而获得主体创新和创造的原动力——精神鼓励和物质支持"①。

（一）交往虚拟化成长环境概述

交往是指互相来往，是人的社会属性，在电话和电报出现以前，人类除了少量的书信往来以外，绝大多数是靠面对面的人际交往来实现信息和文化的沟通与传播的。19 世纪后期，美国人发明了电报和电话，极大地缩短了人们交往的距离和时间，第一次实现了人类交往的虚拟化；到了 20 世纪 90 年代，随着互联网技术的推广和手机的普及，人类的交往真正进入了虚拟化时代。虚拟化时代先后经历了通过个人电脑进行局域网共享的"PC 时代"，通过互联网作为媒介连接各方面信息的"网络时代"，再到结合移动通信与互联网基于用户关系的内容生产与交换用移动端连接互联网的"移动互联网与社交媒体时代"。作为计算机网络技术快速发展和广泛应用的衍生物的平等虚拟交往，其本质特征就在于交往主体的平等性、隐匿化和虚拟化。

（二）交往虚拟化成长环境的特征

一方面，在互联网上，各个交往主体之间的交际方式较之过去的面对面的人际交往方式更加自由、平等和便捷；另一方面，随着社会流动性的加速，人际交往虚拟化增强，由各种客观的社会关系交织而成的空间会因为网络空间的隐匿化和虚拟化而变得似是而非。缺乏"现场感"的社会关系会因客观或主观的麻痹，从而不知不觉地使人们面对三个世界的碰撞：现实世界、理想世界和虚拟世界，进而改变人们的生活、学习、思维乃至话语系统，消解人们传统的认知理念、价值观念和道德

---

① 毛德胜. 半虚拟化生存——大数据时代的人际交往模式探析 [J]. 新闻知识, 2014 (09)：6-8.

伦理。

现代信息技术的发展改变了人们的生活、学习、工作、思维乃至话语系统，特别是现代互联网技术的推广与普及彻底改变了人类的交往方式与生存方式，即从传统的人际交往形式变成了今天的人机交往形式，网络化生存业已成为现代社会的一大趋势。在互联网上，人们实现了"秀才不出门，全知天下事"的理想；在互联网上，人们享受到了网络购物的畅快；在互联网上，人们感受到了"海内存知己，天涯若比邻"的知音可觅的美好。但与此同时，人们面临着现实世界、理想世界和虚拟世界的冲突，在网络空间里，人们不知不觉地会把理想世界当成现实世界，把现实世界当作虚拟世界。网络的隐匿性容易颠覆传统道德与伦理，导致道德的滑坡与伦理的失序；网络的虚拟性的容易混淆和掩盖社会的真实性，导致人性的异化与变态。

（三）交往虚拟化对当代大学生成长的影响

一方面，网络化生存造就了"知识在网上、思想在微博上、朋友在 QQ 和微信上，感情在信息上"的新时代，改变了传统的时空观念，使得当代大学生学习、交友，参与和表达更加方便与快捷；网络化的扁平化特性减少了交往的层级，扩大了交往的范围，使大学生们更易树立世界眼光与国际视野；网络化生存的隐匿性能够减少权威崇拜，有助于树立大学生们的民主意识与平等观念；网络世界的丰富性、平等性和交互性，造就了更加公开、公正和公平的学习、工作和生活机会与平台，有助于大学生们自由全面地发展。另一方面，网络化生存虽然"一网能知天下事"，但因互联网的单一性消解了大众文化传播的多种途径，进而容易使大学生们对文化的感受趋于单元化；网络化交往虽能实现"天涯若比邻"的梦想，但也容易导致对大学生们人与人之间面对面充满活力的交流方式的消解；交往虚拟化导致大量现代宅男宅女的出现，不知不觉中限制了大学生们实现人与自然的接触与交流。因此，如何引导大学生处理好理想世界、现实世界与虚拟世界三者间的关系，防止网络化生存导致的异化，如何让他们遵守网络法律，坚守网络道德与伦理，也是当代大学生成长亟待解决的一个更深层次的问题。访谈结果显示，访谈对象普遍认为，随着信息时代的到来，大学生的人际交往也被打上信息时代的烙印，并呈现出新的时代特征和变化趋势。社交结构呈现网络化，打破原有的以学业和校园社交为主的传统社交模式，形成了以互联网 App 和应用软件为场景的虚拟网络模式。

1. 交往虚拟化成长环境对当代大学生成长的挑战

第一，交往虚拟化对大学生信息获取方式的影响。伴随着信息时代的来临，虚拟交往越发盛行首先意味着人们获取信息的方式发生了深刻变革。如果说农业社会人们获取信息的基本方式是"道听途说"，工业社会人们获取信息的基本方式是"我听你说"的话，信息社会包括当代大学生在内的信息受众获取信息的基本方式则是"转载搜索"。"转载搜索"与"我听你说"的根本区别在于，信息受众由以往被动的信息接收者变成了主动的信息选择者和信息建构者。"转载搜索"时代是一个"人人都有麦克风的时代"。这样一来，一方面，大学生能够主动、自由地获取更多书本、课堂以外的丰富信息，从而开阔视野，提升独立思考的能力；另一方面，面对"转载搜索"而来的瞬息万变、令人眼花缭乱的海量碎片化信息，大学生往往难以追查其真实来源和核实其可靠程度，以至于在"围观就是力量，转发就是支持"的口号的误导下盲从信息，甚至为各种不法分子和敌对势力所利用（典型的如网络谣言）。访谈结果显示，部分访谈对象认为，交往虚拟化的缺点也很明显，部分学生在网络上发言很随意，并不会对自身的言论负责。

第二，交往虚拟化对大学生思想政治素质的影响。一是交往虚拟化对大学生思想道德素质产生了负面影响。大学生正处于生理成熟期、心理发育期，其世界观、人生观、价值观处于未定型的发展期，非常容易受到外部环境和自身社会实践的影响。交往虚拟化对大学生思想道德素质的负面影响常常被大学生自身调侃为"毁三观"。从实际情况来看，大学生某些时候过于依赖虚拟交往、过度沉迷于虚拟世界，乃至将虚拟世界中的行为模式、价值准则带入现实世界，容易导致其世界观、人生观、价值观混乱，典型的如网络游戏（的不良影响）。

二是交往虚拟化对大学生政治素质产生了负面影响，从而影响高校思想政治教育的实效。培养理性、务实、富有强烈社会责任感和历史使命感的中国特色社会主义事业建设者、接班人，是高校思想政治教育的重要价值目标。然而，个性化、自主性、自由性恰恰是虚拟交往最吸引人之处，大学生一旦将虚拟交往中的极度个性化、完全自主性、极端自由化体验带入现实社会中，非常容易造成对现实社会规范和秩序的冲击。早在互联网在全世界范围内兴盛之初，亨廷顿就曾一针见血地指出："一些占有传播优势的西方国家对发展中国家的意识形态渗透已经引起很多发展中国家的反对，正是因为这种传播对这些国家人民的观念可能造成影响，诸如增加他们对社会的不满情绪、丧失对本民族文化的信任和认同等。"① 大学生过度沉迷于网络，虚拟世界里的表象都是美好的，当青年大学生走下网络步入社会，发现现实社会与想象中的有差距，有可能会抱怨，有失落感，或者无法适应现实社会的社交生活。因此，大学生对于网络的使用要适度把握，利用好互联网这把双刃剑。

三是交往虚拟化对大学生自我认同和社会认同产生负面的影响，影

① ［美］塞缪尔·亨廷顿. 变化社会中的政治秩序［M］. 北京：三联书店，1992：141.

响高校思想政治教育的实效。增强大学生祖国认同、中华民族认同、中华文化认同、中国特色社会主义道路认同，是高校思想政治教育理应承担的艰巨任务。由于虚拟交往的匿名性，大学生在虚拟交往中往往可以一个人以不同的外在形象、内在气质同时扮演多个角色，这就造成了有些大学生在虚拟化交往环境下，心理呈现出在网络上和现实中向不同方向发展的二元化倾向——在网络和现实生活中判若两人，发展到极端的，甚至产生人性异化、人格分裂、自我认同危机等。与此同时，交往虚拟化也在一定程度上弱化了部分大学生的社会认同。

第三，虚拟交往中的微观话语对传统思想政治教育宏观话语的冲击。受访的在校大学生认为：当代大学生的社交语言呈现网络化，打破了原有的传统语言结构和交流方式，很多日常语言被网络用语代替，语言习惯也呈现网络化。虚拟交往中的话语叙事则更具体、更生活化、更具微观性，以微信为例，微信朋友圈的话语叙事主要集中在人生感悟、情感婚姻、美食、摄影、旅行、健康养生、理财投资等与生活世界的交往活动紧密结合的生活话语、微观话语；而高校思想政治教育作为大学生与教育工作者之间的现实精神交往活动，其话语叙事更多的是革命、改革、国家、民族、社会等宏大叙事，两者反差较为明显。尽管宏观话语是思想政治教育不可避免的话语特征，我们不可能为了迎合某种教育"需求"而放弃思想政治教育的家国情怀及其宏观叙事。

2. 交往虚拟化成长环境对当代大学生成长的机遇

除却"转载搜索"时代提供的开阔视野与提升独立思考能力的契机、自我意识的激发，交往虚拟化同样对当代大学生的成长带来了诸多机遇。

第一，开辟了新的大学生德育空间。虚拟交往打破了思想政治教育传统的时间和空间的概念。大学生可以随时随地获得各种信息，也可以利用网络随时和老师、朋友、家长、同学进行交流，对于困惑的问题进行探讨。虚拟社交的优点是可以摆脱时间和空间的限制，极大地扩大了学生在现实生活中的社交范围，社交的边界几何式增长。社交边界的增长使得学生在接触虚拟社交后能够更大概率地交到志同道合的朋友。因此，交往虚拟化开辟了新的大学生德育空间。

第二，丰富、充实了教育的资源和内容。互联网媒体的及时性、交互性、高容量性等特征，为教育带来了极为丰富的教育资源。当下已进入"大数据时代"，丰富的信息资源为当代大学生的交往和学习提供了巨大的便利。这些取之不尽的信息资源，极大地充实、丰富了教育的内容，为教育提供了丰富的材料来源。

第三，降低了大学生的社交"成本"和"关注感"。交往虚拟化减少了现实生活中当代大学生的社交成本，节省了资源，将时间和精力关注到其他更感兴趣的事物上去。虚拟交往的特点是人与人之间不再需要面对面的交流，借助各种社交 APP 的帮助，学生在虚拟社交中降低了现实社交中社交对象对你的"关注感"，关注感的降低使得学生能够将社交重点更多地放在社交内容上而非社交行为上，学生能够更自由地表达自我和发表观点。

五、家庭多样化

家庭是指"由婚姻、血缘或收养而产生的亲属间的共同生活组织"①。家庭是一个社会的最小细胞。人的一生均离不开家庭，他们生于斯、长于斯、塑造于斯，家庭环境的好坏良莠、家庭结构的完美与残缺都或多或少地会影响到一个人的成长与成才。

---

① 辞海 [K]. 上海：上海辞书出版社，2009：1049.

（一）家庭多样化成长环境概述

随着市场经济的快速发展与社会世俗化进程的加快，人们的价值观念也在产生转变，出现了思想多元、利益多元、价值多元和道德多元的趋势，人们的幸福观、婚姻观和家庭观念发生变化，由此导致多元化家庭在现代社会的出现。在今天的中国，这些家庭主要有四种类型：独生子女家庭、经济困难家庭、单亲家庭和流动家庭。由于自 20 世纪 80 年代以来国家大力推行计划生育政策，独生子女家庭相当普遍；而因自然资源禀赋、自身能力与社会机遇的差异产生的经济困难家庭，也在社会转型期大量出现；因父母离异或天灾人祸而造成的单亲家庭越来越多；上亿名农民工进城务工而带来的流动家庭和留守家庭处处可见。这四类家庭有的单独呈现，有的二者、三者，甚至四者兼具，它们业已占据当代中国家庭的相当一部分，在这些家庭环境中成长起来的孩子也已成为当代大学生中的一大群体。

（二）家庭多样化成长环境的特征

目前，在独生子女家庭、经济困难家庭、单亲家庭以及流动家庭中生长的孩子已成为当代大学生的主体。多样化家庭的大学生自有其优势和劣势、长处和短处，譬如，独生子女家庭的大学生有自我控制能力差，心理承受能力差；自我中心意识强烈，团队合作意识薄弱；依附心理强烈，独立生活能力差；恃强敢为与自卑畏缩并存，社会交往能力较弱等弱点。与此同时，他们也具有性格活泼开朗，自信进取，聪敏好学，期望值高，乐观积极，社会责任感强，道德风尚高等优点。而单亲家庭、困难家庭和流动家庭的大学生容易产生人格缺陷和自卑心理，但有时对于大学生来说这又是一份人生阅历，积累了人生经验。

以独生子女家庭为主的成长环境，使得广大当代大学生更加注重自我个性的张扬，但是，当前社会中家庭环境亦是呈现出家庭环境多元化的演绎态势。这些"非主流"家庭环境，往往因残缺若干因素而制约了青年学生的健康成长。农村留守儿童数量庞大。近年来，农村留守儿童、留守老人等问题引发社会的广泛关注。从青少年健康成长的角度来看，留守儿童家庭往往因父母外出务工，致使家庭教育缺失，子女难以受到严格的管教与约束，使得他们的人生成长道路缺少一个最重要的保驾护航者。留守儿童缺乏管教与约束，一方面会在丰富多彩的世界中迷失自我，比如，对手游、网游的热爱；另一方面容易滋生自卑心理、厌学情绪，整日混迹于乡野之中，极易滋生各类违法犯罪行为。城乡单亲家庭数量增加。受各种因素影响，单亲家庭的数量与之前相比明显增多。此外，随着生活节奏的加快，人们的生活、工作压力不断增加，父母投入子女教育的精力与时间明显不足，这也是影响青少年健康成长的重要因素。

（三）多样化的家庭环境对当代大学生成长的影响

一方面，多样化的家庭环境是多样化的社会环境的一面镜子，在这些家庭环境中成长起来的年青一代，较早地体会到了成长的烦恼和生活的酸甜苦辣，有助于大学生们对社会万花筒的认识与理解，为高校进行完整的世界观、人生观和价值观教育创造了条件。另外，多样化的家庭环境给高校思想政治教育工作者提供了因材施教的对象和试验场，如对独生子女家庭大学生的感恩教育、对困难家庭大学生的"人穷志不短"的立志教育、对单亲家庭大学生的爱的教育、对流动家庭大学生的追求梦想的教育等。另一方面，多元化的家庭环境又折射出转型期中国社会的特殊性与复杂性，在这样的家庭环境中成长起来的年青一代，常常会感到对生活无所适从、对社会和人会产生疑惑，消解了对大学生们积极心理和正确世界观、人生观与价值观的培养；多元化的家庭环境，特别是困难家庭、单亲家庭以及流动家庭中的孩子，容易滋生对社会的不公平、不信任，甚至不满意的心理与情绪，进而影响到高校对其正确政治观、包容和感恩心理、良好意识与行为的教育培养。一句话，多元化家庭环境对于大学生的心理健康和人格发展有着或多或少的积极的或消极的影响，如何趋利避害，促进大学生们的健康成长与成才，成为当代大学生思想政治教育的新课题。

1. 家庭多样化成长环境对当代大学生成长的挑战

家庭是个人成长的摇篮，家庭环境会影响个人的身心健康发展。每个问题大学生的背后，都有一个有或多或少问题的家庭。近年来，家庭多样化变迁对青少年健康成长产生了或多或少的、积极的或消极的影响。访谈结果显示，受访对象基本上都认为，当代大学生的心理成长受家庭环境影响较大，心理成长主要伴随着受挫和经历失败发生，通过"平衡—失衡—再平衡"的模式进行；家庭是否健全、和谐对大学生的身心成长在一定程度上起到关键作用。

第一，独生子女家庭大学生的心理问题。尽管独生子女家庭大学生在智力与才能等方面具有一定的优势，但是其人格缺陷和心理问题却较为突出。独生子女家庭大学生的心理问题主要表现为以下几个方面：

自我控制能力差，心理承受能力差。自我控制能力是独立个体在没有外界监督和约束的情况下，适当地控制、调节和管理自己的行为，做到抑制冲动、抵制诱惑、延迟满足，力求保证目标实现的一种综合能力，它是 21 世纪大学生心理健康的重要标志之一。自我控制能力强的大学生面对压力和挫折时，善于调节和控制自己的情绪，保持平和而积极的心态，明确自己的目标，采取适当的行为，不屈不挠，有节有度。

当前，独生子女家庭大学生作为家中唯一的孩子，从小就在家庭的呵护下成长，经历的挫折和逆境少，普遍缺乏自我控制能力和坚强的意志品质。不少人感情脆弱，意志薄弱，心理承受能力差，情绪起伏过快过大，受挫感强烈。一旦遇到困难、挫折与失败，不是尽快地寻求解决措施，走出困境，克服难题，而是心灰意冷，萎靡不振，颓废沉沦，消极逃避，甚至走上轻生之途。

自我中心意识强烈，团队合作意识薄弱。一定程度的自我意识有利于大学生积极人格的形成。但是，过强的自我意识，甚至以自我为中心的观念，则容易导致其刚愎自用、专横跋扈、自私狭隘等人格缺陷的形成，进而有碍于身心健康成长。独生子女大都是家中的"小皇帝"，习惯于父母的宠爱、一切以自己为中心，这就决定了他们在处理人与人之间的关系、个人与集体、个人与社会之间的关系问题时，容易从自我出发，片面强调个人利益，凡事考虑自己的利益得失，不能顾全大局考虑问题，容易脱离集体，团队合作意识淡薄，同时过分强调个人主观感受，缺乏对他人的理解、尊重和宽容，共情意识缺乏，往往表现为自私、嫉妒和不合群等特点。①

依附心理强烈，独立生活能力较差。独生子女大多从未远离父母，较少经历家庭和社会生活的磨炼，衣来伸手、饭来张口，得到父母无微不至的照顾，恰似温室里长大的花朵，天长日久便养成了娇气、懒惰、依赖性强、自我服务能力差，基本没有抗挫折的能力，基本生活经验缺乏，缺乏自立自主意识等不良品质。

恃强敢为与自卑畏缩并存，社会交往能力较弱，具有一定攻击性倾向。调查显示，独生子女家庭大学生的恃强性和敢为度呈现出两极分化

---

① 吴小榕. 独生子女大学生公民道德教育探索 [J]. 中国成人教育，2008（24）：65.

倾向。一方面，独生子女家庭大学生在家被视为"小皇帝"，从小养成了强烈的"自我中心"意识，做事自信、大胆，甚至霸道；但是另一方面，当他们融入社会、朋友、同学之中时，其中一些人若发现自己的各种生活能力不但不强，反而不如他人，于是他们走入另一极端——陷入了极度的自卑中，变得缺乏自信，畏缩不前。[①] 他们从小受到来自家庭长辈"无微不至"的关心、关怀、照顾，导致他们不懂父母的艰辛，认为这些付出都是父母应该做的。

第二，经济困难家庭大学生的心理问题。经济困难家庭的大学生和其他学生接受的教育有一定的差异，他们往往承受了更多的来自经济上和生活上的压力，这些压力使经济困难家庭大学生更容易出现自卑、焦虑、敏感和自我封闭等心理问题。其主要表现为：

自卑心理。自卑是经济困难家庭学生最典型的心理特征，因为经济困难家庭大学生主要来自经济不发达地区家庭或者城市下岗职工家庭，由于生活方式、消费习惯、物质生活水平的差异，不少人进入大学生活后心理上极不适应。

焦虑心理。焦虑是指一种缺乏明显客观原因的内心不安或无根据的恐惧，是人们预感到不利情景的出现而产生的一种担忧、紧张、不安、恐惧、不愉快等的综合情绪体验。焦虑也是经济困难家庭学生的主要心理特征。经济困难家庭学生不仅为学费和生活费而发愁，还会为父母由于多年辛苦积劳成疾的身体担心，同时害怕因学业差而对不起父母的一片苦心。这些使得困难家庭学生的精神压力非常大，容易形成紧张、不安、忧虑、恐惧的情绪状态，甚至会产生健忘、注意力不集中、失眠等

---

① 孔德生，张石梅. 调查与分析：独生子女大学生的个性特征 [J]. 中国青年研究，1998（4）：34.

现象，影响其正常的学习和生活。①

敏感猜忌心理。敏感是指过度地在意细节带来的感受和变动并善于将之放大，然后做出相应的反应。贫困大学生在经济上的窘迫是他们不愿提及的，也是最怕同学怜悯和看不起的隐痛。出于自我保护，贫困生的内心尤为敏感，对涉及与自己相联系的事情，往往会引起强烈的情绪、情感反应，甚至对与自己无关的事情，也处于"多心多疑"的状态，内心设防很多。除此之外，还有抑郁心理、自我封闭等一些心理方面问题的表现。

第三，单亲家庭大学生的心理问题。单亲家庭，尤其是离婚单亲家庭，所导致的家庭缺失不仅会造成长期难以抚平的心理创伤，还会对孩子的成长和发展带来或多或少的消极影响。表现为：

社会适应能力弱，自闭心理强。社会适应能力是指个人为了在社会上更好地生存而进行的生理上、心理上以及行为上的适应性的改变，与社会达到和谐状态的一种能力，它是个人融入社会、接纳社会的能力表现，因此从某种意义上来说就是指社交能力、处世能力、人际关系能力。单亲家庭大学生在社会适应能力方面或多或少存在一些问题，比如交际的敏感性、缺乏安全感等。

忧郁失落，自卑心理强。自卑在心理学上，是指一种自我否定，主要是低估自己的能力，觉得自己各方面不如人。"单亲家庭大学生和其他中小学单亲家庭学生一样，没有足够的心理准备和承受能力来承受家庭的破裂，有相当一部分人在中小学乃至幼儿时期就遭遇家庭的不幸，心中的悲伤、失落，使得他们产生忧郁和自卑心理。"② 有研究认为，

---

① 于海洋. 家庭经济困难大学生"心理贫困"问题探析［J］. 中国青年研究，2010（1）：114-115.

② 吴继忠，谭平. 单亲家庭大学生心理状态分析及对策［J］. 中国成人教育，2010（14）：120.

在单亲家庭环境中成长的大学生，由于传统观念和文化因素的影响而缺乏对自己和所处家庭的正确评价，往往或多或少存在着不同程度的自卑心理。在他们看来，他们是被父母遗弃的孩子，自己是不幸的。他们害怕让别人知道自己是单亲家庭，害怕被别人歧视、嘲弄。

第四，流动家庭大学生的心理问题。流动家庭主要分布在欠发达的农村地区，表现形式主要是留守家庭。留守经历对大学生的心理与人格健康发展的影响，主要表现为："留守经历"给大学生的心理健康造成了消极影响，体现在人际交往、人格特征、依恋方式、自我效能、心理发展等方面[①]；隔代教育中的思想意识差异，如重男轻女思想以及隔代教育中的溺爱等，会对大学生的人格和心理产生影响；流动家庭的父母子女之间感情的缺失也容易造成子女的叛逆心理，甚至是对抗行为[②]；"留守大学生长期与父母分离，缺少正常的亲子交流和亲情关怀，缺乏和谐的家庭生活氛围，容易造成留守大学生性格内向，人际交往能力差；留守大学生来自农村，父母和家人对他们寄予了很高的期望，他们对自身也要求严格和追求完美，因而更容易出现强迫的问题"[③]。

2. 家庭多样化成长环境对当代大学生成长的机遇

多样化家庭成长起来的孩子经历过与众不同的家庭教育和社会实践体验。面对大学生活和学习环境的变化以及各种压力、困难，他们也具有一定的智力、才能、情感和社会适应性等方面的优势。

第一，独生子女家庭大学生的积极特性。尽管不少大学生存在一定的心理健康问题，但是我们必须看到问题的另一面，即优越的家庭条

① 谢新华，张虹. 对有"留守经历"大学生研究的述评 [J]. 青少年研究，2011 (2)：26.
② 李小容. 家庭教育对大学生心理健康的影响分析 [J]. 产业与科技论坛，2012 (12)：131.
③ 李颖，王浩，袁利. 高校留守大学生现状的调查报告 [J]. 经济研究导刊，2012 (5)：242.

件、高品质的家庭生活和良好的学校教育使独生子女大学生活泼、开朗、自信、进取，对未来充满信心。表现为：性格活泼开朗，有强烈的平等交往意愿，社会适应能力强。独生子女大学生大多能够认识到人际交往的重要性，愿意参加社交活动，愿意与他人友好相处，帮助他人，甚至愿意与朋友同甘共苦，结下深厚的友谊。

第二，经济困难家庭大学生自强勤勉、感恩诚信、责任心强等特性。经济困难学生的心理基本状态是：要想改变现状，只有通过自己的努力，认真读书，用实力改变自己和家庭经济困难的现状。因此，他们天然地具有很多积极向上的优秀品质。

第三，单亲家庭大学生的积极特性。尽管不少单亲家庭大学生存在一定的社会适应力差、自卑、焦虑等心理健康问题，但是我们还是应该看到一些优秀的单亲大学生身上所表现出来的优秀品格。具体表现为：其一，心理健康状况差异不显著，在某些方面单亲家庭大学生更优；其二，自立意识和责任感强，因为成长环境的影响，他们较早地承担起自己的责任，具有较好的自理能力。实际上，单亲家庭大学生并非都是人们眼中的弱者，不少单亲家庭大学生身上不乏种种优点。我们一方面应该消除偏见，善于捕捉每个单亲家庭大学生身上的闪光点，还他们公平、公正的社会环境；另一方面要坚持以正面鼓励为主，当其有心理、行为方面的进步时，要及时地给予表扬，增强其自信，促进其生理、心理和成绩健康协调地发展。

第四，流动家庭大学生的积极特性。虽然不少研究认为，不少流动家庭大学生在人格和心理健康方面有一些问题，甚至有些人形成了"读书无用论"的观念，但是另一方面，关于留守家庭大学生与非留守家庭大学生心理健康水平是否存在显著差异，学术界不一而是。从积极心理学的视角来看，流动家庭大学生身上所展现出的是一些积极人格和心理因素。留守大学生的积极心理品质包括快乐品质、处事品质、意志品质、奋进品质和亲和品质等。①

心理学家巴克认为，人的心理与行为普遍受到环境制约，能够被环境改变。而大学生的成长必然也有深刻的时代烙印。人的成长是一个复杂的过程，影响人的成长的环境亦是复杂多变的，论文在总结分析影响当代大学生成长环境、影响当代大学生成长规律形成的环境以及影响当代大学生成长规律发挥作用的环境时，也存在总结不全面、认识不深刻的问题。上述六个方面构成了当代大学生成长的环境，它们对当代大学生成长规律的形成和发挥作用有时是单一因素的影响，有时是多重因素的叠加影响，多半情况下都是综合性的影响。它们的变化，就是新的社会现实，是分析当代大学生成长的现实维度。

第三节　当代大学生成长规律的特征

规律具有普遍性和客观性的特征，普遍性说明了规律适用范围的广域性，即任何事物都具有规律性；客观性说明了规律的绝对性，任何事物任何现象的发生都是受其规律支配的。关于当代大学生的成长规律，在访谈过程中，受访对象都认为当代大学生的成长是有规律可循的，他们的成长规律是客观存在的。有观点认为，大学生的成长肯定是有规律可循的，在日常学生管理工作中，很多时候是基于一种工作经验来进行工作研判的，这种经验实际上就是对大学生成长规律的高度概括；有观点认为，在学生管理实际工作中，利用经验对工作进行前置性的研判，

---

① 罗涤，李颖. 高校留守大学生积极心理品质研究 [J]. 中国青年研究，2012（8）：84.

实际上就是对大学生成长规律的遵循；也有观点认为，对当代大学生成长规律的概括、掌握和利用，必要且实用，所谓的工作经验就是基于对他们成长规律的认识和利用。了解当代大学生成长规律的特征，是为了更好了解它，更全面地利用它，为当代大学生的健康成长、成长成才提供有力支撑。当代大学生成长规律除了具有规律的客观性和普遍性特征外，还具有时代性和发展性的特征。

一、客观性

当代大学生成长规律天然地具有客观属性。客观就是指事物的本来面目，客观性就是指事物本来就具有的性质和特征。"客观性一词一般认为有两个层次的含义，即对象的自在性和对象的普遍必然性。"[①] 要掌握和了解当代大学生成长规律的客观性，就要从大学生成长的各要素的属性，以及成长规律起作用的方式等方面进行分析。

第一，当代大学生成长要素具有客观性。规律的根本特点是客观性。一方面，当代大学生的成长，是在客观的环境中成长的，这些环境包括自然环境和社会环境，从时空概念来讲，特定的时间范围内，它的自然环境和社会环境都是客观存在的。自然环境的客观性体现在大学生成长过程的物质性需要方面，比如，大学生的吃穿住用行等；对大学生成长影响最为直接和全面的是客观存在的社会环境，比如，学校、社团、家庭等。这种客观环境具有客观属性。因此当代大学生的成长规律，它首先具有客观性。"规律的产生、存在和变化都是需要以一定的客观条件为基础的，这些基础就是事物各内在要素以及要素之间的相互作用方式。"[②] 规律产生、存在和变化都要以一定的客观条件为基础，

---

① 刘雄伟. 历史的客观性研究［M］. 北京：中国社会科学出版社，2016：1.
② 杨晓慧. 当代大学生成长规律研究［M］. 北京：人民出版社，2010：31.

这些客观条件就是规律客观性的体现。当代大学生成长规律也是以一定的客观条件为基础，从而产生、存在和变化的。

第二，当代大学生成长规律对当代大学生成长的支配作用是客观性的体现。"规律的孕育、形成、存在和实现是一个过程，只要这个过程没有结束，这个过程的规律也就没有完全形成和实现。"① 当代大学生成长规律的客观性体现在它是不以人的意志为转移的，不管环境和外面的影响因素有什么变化，成长规律对大学生的成长都起到绝对的支配作用。不同时期的大学生，具有不同的外在的成长现象，但支配他们成长的内在规律是不变的。

第三，可验证是当代大学生成长规律客观性的体现。当代大学生的成长外在的表现为丰富多彩的各种现象，现象背后起决定作用的则是成长规律，这些规律可以在不同时间和空间概念下的大学生成长过程中得到证实。虽然大学生的成长在不同时间和空间里表现出不同的现象，不同的时空下，成长的外在环境会发生比较大的变化，但规律起作用的根本性属性不会改变，改变的只是外在的现象。从现象到规律的总结体现的是归纳的过程，而将规律放在实际的现象中进行检验证实，则是演绎的过程。在成长过程中检验证实成长规律的作用是当代大学生成长规律客观性的最直接表现。

二、普遍性

普遍性是指事物共同具有的性质。规律具有普遍性，具体体现在规律具有支配性和重复性的特征。支配性是指规律对其适用范围内的一切事物和现象都具有支配作用；重复性是指规律对其支配的事物或现象，

---

① 赵家祥. 社会规律与人的活动 [J]. 哲学动态, 1998 (10).

在一定的条件下，都是重复出现的。当代大学生成长规律具有非常明显的普遍性。

第一，一定条件下的重复出现是普遍性的直接表现形式。根据规律的特性，规律发生作用，表现为种种现象。在一定的外在条件下，当外界环境具备一定的相似性，现象就重复发生、出现。规律对事物性质的运动趋势的影响是决定性的，同一类属性的事物虽存在新旧更替的必然现象，但这种更替不影响规律起作用。当代大学生的成长在时间概念上讲，是属于"当代"这样一个有限的时间概念里；而在空间概念上讲，当代大学生的成长应该被界定在"大学阶段"所在的空间环境中。在这个时间和空间的范畴下，当代大学生成长规律对"当代大学生"的成长的影响首先是决定性的，其次是反复性的，外在的表现为重复出现的现象。这种重复出现的现象可以被通俗地理解为当代大学生成长过程中常见的现象。

当代大学生的成长规律是客观存在的规律，客观规律具有重复性意义上的普遍性。客观规律是在事物运动或发展过程中重复出现的东西，不是偶然出现的。重复出现，才能成为规律。当代大学生成长规律也具有这种规律的重复出现的属性，重复出现，才能被人们认识和利用，才能使人们按照当代大学生的成长规律指导当代大学生的成长。

第二，对当代大学生的成长起支配作用是普遍性特征的根本内涵。"规律是其适用范围内的一切事物或现象中共同性的东西、本质性的东西、稳定性的东西。"① 这是规律支配性的体现，"规律不是所适用的范围内某些个别的或部分的事物或现象独有的，而是所适用的一切或一类事物或现象共有的。而这些东西，又恰恰是规定事物或现象性质的，支

---

① 赵培星. 论规律 [M]. 北京：人民出版社，1981：40.

配事物或现象运动的东西。因此，规律对其适用范围内的一切事物或现象，都必然具有支配作用。这就形成了规律的所谓支配性。"① 反过来讲，规律所支配的对象是一类的对象，是一个类群体。当代大学生成长规律支配的是当代大学生这样一个特定的群体，这个群体的成长体现的就是当代大学生成长规律的普遍性。

三、时代性

时代是指"历史上以经济、政治、文化等状况为依据而划分的某个时期"②。当代大学生共时性的成长规律也属于大学生这个群体的历时性成长规律。"时代是思想之母，实践是理论之源"，每个时代都有每个时代特有的鲜明特征。生活在这个时代的人们身上也有时代特征深深的烙印，因此，当代大学生的成长规律也是具有鲜明的时代性的。

第一，当代大学生的成长环境具有鲜明的时代性特征。用横向和纵向两个维度来思考当代大学生的成长，时间概念是纵向的，空间概念是横向的；用宏观和微观两个角度来思考当代大学生的成长，时间概念是一个宏观概念，空间概念是一个微观概念，这是相对的两个概念，空间概念对于每一位当代大学生来讲，都有其特殊性和个性。就时间概念来讲，社会处于某一个阶段，它的社会性特征对于每个人的影响都是一样的，对于当代大学生来说，"当代"就是影响其成长的一个时间概念。空间概念是时间概念在特定时期的一个阶段性的表现。比如，大学生的成长离不开成长的环境，这个"环境"就是一定的空间，"环境"又因为不同时间而表现出不同的形式，这是和经济、政治、文化的发展分不开的。大学生的成长离不开社会、学校、集体、社团和家庭等环境。有

---

① 赵培星. 论规律 [M]. 北京：人民出版社，1981：41.
② 现代汉语词典 [K]. 北京：商务印书馆，2012：1177.

学者依据不同的划分标准，将大学生的成长环境分为"宏观环境、中观环境和微观环境""自然环境和社会环境""政治环境、经济环境和文化环境""顺境、常境和逆境""互联网外环境和互联网内环境"等。① 不同的时代所对应的环境是不同的，大学生的成长现象外在表现也是有差异的。由此可见，当代大学生的成长规律具有明显的时代性。规律的时代性不否定规律作为事物本质联系、稳定联系的特征，体现的是规律的特殊性。

第二，当代大学生的成长现象具有显著的时代性特征。任何人和事都属于某个特定的时代。黑格尔认为，"就个人来说，每个人都是他那时代的产儿"②，"时代造就英雄"说明了时代对于一个人成长的重要性。人的成长被深深地烙上了时代的印记，相对于人类社会的发展，个体的人的成长就是一个非常小的阶段。决定人的成长的成长规律不是外在强加的，也不是人们主观臆造出来的，而是人的成长过程中所具有的客观存在。这种成长规律对于不同时代人的成长都起着支配作用，只是在不同时代表现出来的成长现象不同而已。当代大学生成长规律对当代大学生的成长起着主导的支配作用，表现出来的各种成长现象就具有了当代的时代性特征。

四、发展性

发展是指"事物由小到大、由简单到复杂、由低级到高级的变化"③。马克思主义哲学认为，任何事物都是联系和发展的。当代大学

---

① 《思想政治教育学原理》编写组. 思想政治教育学原理 [M]. 北京：高等教育出版社，2016：318-320.
② 黑格尔. 法哲学原理 [M]. 范扬，张启泰，译. 北京：商务印书馆，1961：12.
③ 现代汉语词典 [K]. 北京：商务印书馆，2012：351.

生的成长规律就具有鲜明的发展性。马克思主义哲学认为，"发展是有序的、上升的运动"①。据对 2010 年以前关于大学生成长规律研究文献的对比分析，很多彼时的成长规律，时至今日有些已经没法解释当下大学生的思想和行为了。

第一，成长的过程是变化发展的。当代大学生的成长是一个不断发展变化的过程；另一方面，认识当代大学生成长规律的目的是利用该规律，对该规律的利用应遵循发展变化了的主客观环境。"大学生的成长受到诸多要素的影响和制约，正是这些要素之间的交互作用，决定了大学生成长的过程规律和基本趋势，在不同的年代背景和不同的客观条件下，大学生的自身发展运动形式以及外界环境对大学生的作用方式都在发生变化"②。"事物的发展是一个过程。一切事物，只有经过一定的过程，才能实现自身的发展"③。发展是前进的和上升的运动，而发展的实质是新事物取代旧事物的过程，发展也是量变到质变的过程。新事物之所以能取代旧事物，是因为新事物适应了新的环境和作用的条件，遵循了自身发展的规律，产生了继续前进和上升的内在动力，进而就表现出了发展的趋向。如果违背了客观规律，新事物取代旧事物就会遭遇失败，在实践中就会遇到阻力。当代大学生成长规律在不同时代对大学生的成长的支配作用表现出来不同的现象，但在本质上讲，成长的总体趋势和发展方向是没有变的。"自然界、人类社会和思维领域中的一切现象都是作为一个过程而向前发展的"。当代大学生的成长就是一个发展变化的过程。

---

①　《马克思主义哲学》编写组．马克思主义哲学［M］．北京：高等教育出版社，人民出版社，2009：99.
②　杨晓慧．当代大学生成长规律研究［M］．北京：人民出版社，2010：31.
③　本书编写组．马克思主义基本原理概论［M］．北京：高等教育出版社，2013：46.

第二，成长各要素之间的相互作用导致了成长的发展。马克思主义认为，事物的相互作用必然导致事物的运动、变化和发展。"事物之间相互作用的结果，使事物原有的状态和性质发生程度不同的变化。"①影响当代大学生成长的各要素之间是普遍联系的，这种普遍联系以学生个人为中心，各种要素相互作用，促成了当代大学生的成长成才。成长的各要素是大学生成长的内在因素，受所处的时空环境的影响，各要素之间相互作用的形式和条件会发生一定的变化。当代大学生"群体性的交往较多，同龄人的交往较多，互联网交往较多。""人们的社会交往是自主进行的，交往对象也是自己选择的，因此，这种社会交往中获得的信息和参考，具有真实感、可信性和参照性。"②

---

① 本书编写组. 马克思主义基本原理概论［M］. 北京：高等教育出版社，2013：45.
② 《思想政治教育学原理》编写组. 思想政治教育学原理［M］. 北京：高等教育出版社，2016：106.

第四章　当代大学生成长的特征及一般规律

一般规律，也可以称为普遍规律，是指某一类事物的规律。当代大学生成长的一般规律，就是指当代大学生成长过程中具有普遍存在的规律，这些规律适用于当代大学生这个群体，是这个群体成员的共同特征。当代大学生成长规律支配着当代大学生的成长成才，对它的认识也是需要从认识一个一个具体的一般规律开始的。对当代大学生成长的一般规律的归纳总结，主要是从当代大学生成长要素和成长所表现出来的主流现象和特征进行归纳总结。当代大学生成长要素是指"作为大学生成长标志和内容的、在成长过程中起推动作用的因素，如大学生的心理、思想、行为等"[1]。习近平总书记指出：要全面加强高校的"德育、智育、体育、美育和劳育工作，坚持文化知识学习与思想品德修养的统一、理论学习与社会实践的统一、全面发展与个性发展的统一"[2]。这为我们界定了当代大学生成长所包括的内容，也是他们成长要素的具体的外现。

---

[1]　杨晓慧．当代大学生成长规律研究［M］．北京：人民出版社，2010：13.
[2]　教育部课题组．深入学习习近平关于教育的重要论述［M］．北京：人民出版社，2019：22.

总的来说，当代大学生成长的一般规律可以概括为：心理成长方面具有自我意识增强规律和认知能力发展较快规律；思想品德成长方面具有内化与外化相统一规律、思想与行为相同一规律和一元与多元相共存规律；日常行为成长方面具有尊重学术威信与人格威信相结合规律、内外因素相互作用影响成长规律、师承效应与代际传承影响成长规律和勇于探索与创新规律。

第一节 当代大学生心理成长的特征及规律

当代大学生的成长包括生理和心理等多个方面的成长。生理的成长是较为容易理解的一个概念，所谓生理的成长就是指人作为个体其身体由小变大的过程。心理的成长是指人的认识能力的变化发展。《中国大学生思想政治教育发展报告 2015》认为当代大学生"生活负面情绪较少，具有一定的抗压能力和心理调适能力"、大部分当代大学生"拥有良好的生活情绪"[1]；《中国大学生思想政治教育发展报告 2016》认为当代大学生"身心健康状况良好……心理困扰感较少且抗压能力和心理调适能力较强"、当代大学生群体的"负面情绪较少，普遍拥有一定的抗压能力，能够合理调节心情"[2]；《中国大学生思想政治教育发展报告 2017》认为当代大学生"身心健康总体情况较好"[3]。总的来说，当

---

[1] 沈壮海，王培刚，段立国，等．中国大学生思想政治教育发展报告 2015 [M]．北京：北京师范大学出版社，2016：25.

[2] 沈壮海，王培刚，王迎迎，等．中国大学生思想政治教育发展报告 2016 [M]．北京：北京师范大学出版社，2017：29.

[3] 沈壮海，王晓霞，王丹，等．中国大学生思想政治教育发展报告 2017 [M]．北京：北京师范大学出版社，2018：31.

代大学生心理成长具有以下一些特征及规律。

一、当代大学生心理成长的特征

心理是指"脑对客观世界的积极反映形态。是在有机体演化的一定水平上出现的"。人的心理是心理发展的最高阶段，主要是因为人的心理是在劳动和语言的影响下产生和发展起来的。它是人类社会实践的产物，与动物心理有质的区别，具有自觉的能动性，并受社会历史规律的制约。"人的心理包含着过去、现在和未来的事件。过去事件表现为记忆经验，现在事件表现为全部映象、体验、智力活动等，未来事件表现为意图、目的、幻想等。"可以有条件地区分为心理过程、心理状态和心理特征，感觉、知觉、表象、注意、记忆、想象、思维、情绪、意志等属于心理过程，是心理的动态方面；情绪过程中的激情状态和心理状态等属于心理状态；能力、气质和性格上的特点则属于心理特征，是心理的比较稳定的方面[①]。

成长的过程，就是了解未知世界的过程。人的成长现象是表现在人的生活之中的，而人的生活首先主要是由人的心理与行为支撑的，可以看出，心理对于一个人的生活和成长的重要性。在当代信息化时代的环境中，社会充满创新与机遇，充满压力，但同时又有"诗和远方"的梦想。与此同时，随着我国社会的巨大变革，大学生的心理压力增大，心理问题增多，他们正处于心理成长的关键期，面对日新月异的社会变革，他们面临着学习、交往、恋爱和就业等各种成长所需要面临的人生课题。当代大学生正处于人生学习知识技能的关键期，机遇、挑战、压力和梦想等对大学生的心智成长和成熟都带来了考验。大学相当于一个

---

① 辞海［K］. 上海：上海辞书出版社，2009：2535.

小社会群体，大学生开始有意识地融入社会当中。对于他人和社会的评价有所看重，并对自己的相应心理和行为进行调整；比较关心群体社会发生的事情，也会改变对一些事情的看法。人的认知是需要沉淀的，当量变产生质变时，心理也会成熟很多。特别是大学生群体，接触面更广，也充满更多的可能。他们思维更加活跃，心理成长也呈高速螺旋上升的趋势。心理成长的质量决定着当代大学生成长的质量和方向，只有健康的心理成长才能培养出具有健全人格的人。

（一）自理能力两极分化总体趋好

自理可以简单地理解为自我管理，自理能力是当代大学生重要的能力之一，在告别应试教育进入大学后，远离父母和老师的"全方位"管教，有些大学生面对大学生活显得有些措手不及，特别是一些自我管理能力较弱的学生。在现实中，有些大学生刚刚入学就出现了心理问题，多半是自理能力较差的原因造成的。

第一，适应性的"V"形走向。刚进入大学的新生，面临新的环境，或多或少都存在一些适应性的问题。基础教育阶段的应试教育导致他们动手能力差，接触外界环境单一，习惯了"被安排"的行为模式，进入大学后，面对的是新的环境。大学教育都是综合性的素质教育，很多学生在高中阶段，就被老师告知"你们现在好好学习，进入大学后就可以放松了"，这种激励是一种错误引导，导致学生们进入大学后首先从思想上放松了对自我的要求，加之没有父母和老师"手把手"的管教，很多学生会在刚入学的时候出现迷茫和放纵自己的心理。随着对大学生活的慢慢了解，在学习、生活和人际交往等方面慢慢适应后，他们对大学的生活慢慢适应了，对自己也有了比较明确的规划。随着年级的增高，他们的认识越来越理性和全面，对大学生活也慢慢适应。当代大学生对自身相关的生活、工作等方面在未来的可能性持积极乐观的态度。

第二，依赖心理与相对独立的矛盾存在。当代大学生依赖心理一定程度上留存，具有相对独立性。他们依赖心理的存在是基础教育阶段应试教育的"惯性"，基础教育阶段，老师的教育和管理是"全方位无缝隙"的，留给学生的空间非常少，束缚了学生独立思考的能力。依赖心理的存在也是进入大学之前的成长环境造成的，在进入大学前，父母和家人的教育是"无条件"的，他们只有服从，长期的服从导致了在心理上对此的依赖。进入大学后，他们"远离"父母和之前的成长环境，在客观上产生了"报复性"的独立成长的心理，但由于独立生活、独立思考的锻炼较少，因此，面对生活和学习上的很多问题，加之新环境的适应问题，就导致了依赖心理和相对独立的矛盾局面的出现。有些独生子女家庭中父母亲人的溺爱导致部分大学生自理能力和人际交往能力较差。有受访者认为大学生处于青春萌动期，性格敏感，渴望被理解又追求独立；情感丰富但波动较大；爱情和性心理逐步发展；竞争意识不断增强；对心理生活品质的要求不断提高等。

第三，追求物质享受与快乐的心理行为。心理行为是指在外界的刺激下人所进行的活动。人普遍是逐利的，追求物质的享受和快乐是正常的心理趋向，但这种趋向必须控制在一定的范围内，无休止地追求物质享受和快乐，会消磨人的意志和进取奋斗精神。成长环境对当代大学生的心理行为产生了较大影响，各种诱惑使部分学生心理产生了微妙的变化，一些社会上的不良风气也影响到了"象牙塔"的大学校园。外界的刺激主要来源于成长环境，由于社会上滋生的一些不良思潮对当代大学生的影响，使部分学生产生了拜金主义、享乐主义，丢掉了艰苦奋斗的优良传统。因此，追求物质享受与快乐必须控制在一定程度内，要进行自我控制，自我进行心理"修炼"，在合理的"度"里追求物质享受与快乐。

（二）自我意识进一步增强

"自我"是当代大学生心理成长的重要特征之一，"自我"是指"个人在活动和交往中把自己同周围的环境区分开来，视自己为行为和心理的主体"[①]。"意识"在心理学上一般指"自觉的心理活动，即人对客观现实的自觉反映"[②]。"自我意识"是指"主体的自我认识。是对自己的认识和对自己态度的统一"[③]。当代大学生的自我意识就是指他们自觉地视自己的行为和心理为主体，在他们的活动和交往中具有"二元性"。

第一，"自我"的自我界定。"自我"主要是主观的维度，主要体现的是"我"作为主体的态度、行为、看法和评价。当代大学生对自己的评价普遍较高，认为自己能正确认识自我，能合理评价自己。在实际中，他们对自己的评价总体是比较客观的，从程度上来讲，评价略高于实际情况。他们的"以自我为中心"，也不全部是自私的心理，而是大部分时候做事都以利己为标准，可能缺少一些奉献或是积极主动的因素，可能是自身阅历较少、心理不成熟的表现。人的本能都是追求利益的最大化，或者说利己最大化，只要主观上的"自我"没有在客观上妨碍其他人的利益，这种"自我"就是在可以接受的范围之内的。他们强烈关注自己的发展，相对于直接进入社会打拼的青年来说，大学生拥有大学学习的能力储备期，在这个储备期里，他们会思考许许多多的

---

① 辞海 [K]. 上海：上海辞书出版社，2009：3067.
② 辞海 [K]. 上海：上海辞书出版社，2009：2724.
③ 辞海 [K]. 上海：上海辞书出版社，2009：3067.

关于自己未来发展的问题,比如我会成为什么样的人?我以后会走一条怎么样的路?他人怎么看我?等等。高校的教育者应该及时有效地引导当代大学生进行自我界定,开展身份认同教育,引导他们客观认识自我。

第二,自我空间意识。空间是指"物质存在的一种客观形式……是物质存在的广延性和伸张性的表现"①。当代大学生对自我空间是非常敏感的,对自我空间的把握是比较强势的,不喜欢他人对自我空间的干预,具有独立的自我空间意识。从人的"自我"的角度来看,人们都会觉得自己是特别的,世界总是围绕着自己的,总是以自己为主,这点无可厚非,只要能处理好"自我"(个体对自己存在状态的认知,是个体对其进行自我评价的结果)和"他我"(由他人的判断所反映的自我概念)的关系,就会消弭表现出来的自私的印象。自我空间意识体现了当代大学生的意志,而意志体现的是人的心理活动的主观能动性。意志从自我主体来讲,具有使自我空间延伸的主观性,但只要这种意志不"越界",不影响他人的空间,还是可以接受的。

第三,表现欲望强烈,自我认同程度高。表现在此处可以理解为故意显示自己,具有主观性。一是由于当代大学生心智不成熟,在成长的过程中还没有树立正确的名利观,经常把自己的成绩建立在他人的认可上,特别是自卑感的存在使得他们的自我价值感必须通过他人的认可和赞赏来实现。这是自我意识的表现。自我意识是对自己的认识和对自己的态度,和自我感觉、自我评价是相通的,"他人对自己的评价在自我意识中起重要作用,往往成为自我评价的依据。"② 二是表现欲望强烈也是当代大学生自我认同程度高的外在表现,只有对自己认可,才会有

---

① 现代汉语词典 [K]. 北京:商务印书馆,2012:740.
② 辞海 [K]. 上海:上海辞书出版社,2009:3067.

面对他人表现的动力。三是自我认同程度高影响当代大学生的选择和挑战意识。面对选择时他们能够坚持自己的观点；他们挑战意识强烈，不满足于现状，强烈渴望取得成绩和成功，得到他人认可。对现有出现的问题和即将出现的问题，主动采取行动以改变或解决问题的倾向性，也包括积极主动地创造或抓住机会。当代大学生心理的外在表现行为具有"纸老虎"的特征，即外在表现坚强（强势），其实内心却很脆弱或相对脆弱。心理承受能力较差，自我调节能力较弱。当代大学生心理成熟前移，具有较强的自我意识，表达自我的欲望强烈。

第四，成长质量与成长效率兼顾。质量反映的是优劣的程度，效率反映的是一定时间范围内完成的质量。当代大学生作为"大学生"这个身份，它是有时空的度的概念的，时间的"度"特指读大学的时间段，时间的度决定了空间的特定性。我们在研究当代大学生的成长过程中，就是要研究在特定的时空概念里当代大学生的成长，这个成长包括了它的"质量"和"效率"。"质量"与"效率"是衡量当代大学生"自我"成长的重要指标。当代大学生的成长过程，是成长质量和成长效率兼顾并进的过程。成长的过程"使每一个个体都趋向于最高的效率水平"[①]。高质量和高效率的成长具有以下特征：自我的成长不能妨碍他人的成长；自我了解清晰、自我定位准确；能正确认识和评估自我；客观评价自我，能制定合理的成长阶段目标。

第五，自我意识较强但自我控制能力普遍较弱。当代大学生的心理特点中最重要的一点就是自我意识的增强，很多其他方面的特点其实都是由于这个主要的影响所产生的。一方面，在人际交往的时候，有些人能够把自己的锋芒控制到一定范围，但是有些人却可能收不住外放的锋

---

① ［美］亚伯拉罕·马斯洛. 动机与人格［M］. 北京：中国人民大学出版社，2012：Ⅳ.

芒，就会导致和别人相处不愉快，在碰了钉子后还没有变得"圆滑"的话，就会造成更深的怨恨。比如，在恋爱中自我意识就表现得较为强势，以自己的想法为主，在和对方产生矛盾的时候，通常是两种解决办法：一是努力说服对方接受自己的思想和说法，结果是更不想结束这段关系的某一方首先妥协（但是可能会影响到下次吵架，翻旧账，因为根本没有解决问题，而是一种逃避，多次后也很容易分手）；二是如果这段感情让自己感受到不便，或是感受不到吸引力，就会选择分手以结束这段感情，虽然感觉有些不负责任，但是大部分的校园恋情都是以这样的原因结束的。另一方面，由于互联网的迅速发展，当代大学生会显得比实际年龄更加成熟，也更加开放和包容，能够迅速地学习和吸收新的知识或文化，但是在性格深处仍有年轻人的矛盾性和冲动性，这就是自我控制能力较弱的表现。再次，心理波动较大，大部分学生会受到老师和同学评价的影响，在评优、资助或入党等环节，很多学生会在意同学和老师的评价，未如愿的学生会表现出较大的情绪波动。当代大学生自我意识突出，主观意识较强；情感强烈但存在不稳定和不确定性；竞争意识强烈但意志力不够。比如：容易出现挫败感和失落感，经过自我调节和认知的提升，逐渐趋于平和，自我认同感增强，韧性增强，情感逐渐平稳。

当代大学生自律能力方面两极分化比较严重，自律能力作为当代大学生比较核心的能力和素养在有些大学生身上是比较欠缺的。比如，"能不能明天再说""明天就要考试了，我还没有复习""截止期限是什么时候"等话语，就是大学生群体自律性较差的体现。自我意识较强也体现在当代大学生的维权意识方面。

第六，理想自我与现实自我存在矛盾。当代社会发展迅速，科技日新月异，身处这样的成长环境，对当代大学生的健康成长带来了机遇和挑战。理想自我与现实自我在当代大学生成长过程中是矛盾存在的，表现为既对立又统一。当代大学生在成长过程中，理想自我是基于社会的需要，理想自我总是高于现实自我，这和当代大学生具象的规律中心理成长规律是相吻合的。自我意识较强，自我管理能力较弱，自信、自负、自卑界限的自我控制能力较差，尤其是自信与自负的界限控制较差。对现实的过度自信导致自负心理的产生，自负地认为自己处于理想自我的状态。

理想自我与现实自我之间存在积极的关系（统一）和消极的关系（对立）。积极的关系中，现实自我到理想自我中间是有很多小的阶段性目标的，只有脚踏实地地完成这些小的目标，才能离理想自我越来越近；在消极的关系中，总想着现实自我一步就到理想自我的状态，"却没有脚踏实地、长期努力的恒心，没有否定现实自我以求超越的勇气和毅力"①，反而离理想自我越来越远。现实中，当代大学生对于现实自我和理想自我的认知既有积极关系的体现，又有消极关系的体现，多以消极的关系为主，这就对高校的思想政治教育工作提出了挑战和要求。

（三）强烈的自信意识

自信是指自我信任，意识体现的是主体的主体性。当代大学生心理成长的核心词是"自"，自己、自我、自信、自卑、自负，等等，"自"体现了他们的主体性。心理的成长是以自我为中心的，是"自己"的大脑对客观世界的反应。当代大学生的"自"首先表现在自信方面。

第一，对自己的"自信"。当代大学生普遍自信，相信自己有某种能力完成任务或解决问题的自信意识强烈，在问题难度加大时对自己的

---

① 刘浩，周晓辉，等. 运用青年成长的一般规律与特殊规律指导大学生管理工作 [J]. 广西青年干部学院学报，2003（3）：49.

判断和决定尤其自信。自信意识来源于当代大学生经历的单纯性，没有在生活中经历过挫折和困难，或者说经历的挫折和困难从量上看相对较少，这种自信心理类似于"初生牛犊不怕虎"的心理状态。这种自信意识也来源于他们对于自己经过数年"寒窗"学习，最终考上大学的一种积极肯定。在某种意义上，这种自信是脱离了他们成长的实际境遇的，是心理上主观认为的一种意识。他们对自身相关的生活、工作等方面在未来的可能性持积极乐观的态度。在实际中，有自信是一种良好的心理状态，使他们能阳光、乐观地面对人和事，能够自我信任和信任他人，能有良好的心态去面对学习和生活。而过分的自信就等于自负，当代大学生在"自信"的程度范围内，往往处于中等偏上的水平，接近于"自负"；如果"自信"的程度不足，甚至非常低，那就有滑向"自卑"心理状态的危险。因此，只要"自信"的程度是合理的，就有利于他们的健康成长。

第二，对他人的自信。对于他人的信任，源于所处群体的特殊性，是"大学生"这个群体的特征带来了他们对他人的信任。当代大学生作为受教育主体，他们的心理状态直接影响他们对身边周围事物的感知、认同和评价。对自我的"自信"，增加了他们对于他人的"自信"，这种心理具有理想主义的色彩，是当代大学生在这个特定时间段所具有的一种较好的品质。对他人的"自信"，有利于他们和身边的人良性交往，拥有良好的人际关系，拥有和谐的集体和社团活动，能从对他人的信任中汲取自我成长的力量。这是一种"朋辈式互助影响"的心理成长模式。

第三，对于环境的自信。一方面是对国家这个大的社会环境非常自信，当代大学生普遍表现出了对中国特色社会主义道路的自信，对中国特色社会主义理论体系的真理性、科学性和正确性的自信，对中国特色社会主义制度的自信，对中国特色社会主义文化的自信；另一方面，是对校园和家庭这个微观环境的自信，随着我国经济社会的发展，人们的生活水平显著提高，用于教育的投资力度越来越大，普遍重视教育，在软硬条件的投入上都是比较大的。在这样的微观环境中成长，当代大学生普遍具有安全感。促使他们能顽强持久地面对自己成长过程中的困难，能较快地适应成长的逆境。再次，是对班级、宿舍等亚文化环境的自信，在当代大学生成长环境的网格中，班级、宿舍等是"最微化"的小网格，是他们成长过程中接触最多的环境。班级的建设、集体活动的开展以及宿舍关系的和谐都使他们对亚文化环境产生了自信。对亚文化环境的自信促使当代大学生成长朝着健康的方向发展，和成长是正相关关系。对亚文化环境的自信，也使他们面对压力和困难时能够很好地承受并且能够保持情绪的稳定，面对问题时能够有效解决。

（四）后叛逆时期特征明显

叛逆是指在现实中，违背现实的思想和行为，或者是对他人本意的违背。叛逆是违背他人的意愿而"标新立异"地表现自己的一种状态，这种"标新立异"主要是想引起他人的注意。当代大学生典型地处于后叛逆时期。

第一，叛逆期与后叛逆期。当代大学生所表现出来的"叛逆"，和青春期早期所表现出的"叛逆"是不一样的，在程度上没有那么激烈，在"叛""逆"方面没有那么坚决和彻底，因此，他们处于后叛逆时期。后叛逆时期的主要特征就是大学生认为自己已经是大人了，自己能独立处理和应对事情，不需要外界过多的干预，是对基础教育阶段"被干预"过多的一种惯性的"反抗"。在教育过程中，优秀的教育者往往会主动抓住这个特征，顺势开展针对性的教育引导，引导大学生正确认识自我，客观看待自己的能力，以成熟的心态投入成长中来。大学生的逆反心理往往导致针对他们这个群体的教育活动失败或成效欠佳，而如果使他们产生主动接受教育的心理需要，那教育活动就会取得预期的效果。

第二，感情易冲动的同时也易平复是后叛逆时期重要的外在表现特征。后叛逆时期和青春期的叛逆有所不同，后叛逆时期处于大学阶段，经过基础教育阶段的青春期叛逆期，他们的认识会相对理性一点，或者说认识事物的能力理性成分大于感性成分，这和知识的储备、生理的成长以及环境的改变等因素有关，尤其是和大学阶段主要是进行素质教育和综合教育有关。在大学，他们可以接触的事物的广度和深度发生了改变，个人成长的经历由单纯性经历（主要是学习）转变为相对复杂的综合性经历，经历的不同使他们的心理发生微妙变化，从而在行为上外化表现了出来。时空环境的改变，使他们心理发泄的渠道也变得丰富起来，不会只表现在"叛"和"逆"上，他们可以通过别的途径进行宣泄，比如各种集体活动、社团和班级活动等。因此，当代大学生具有感情易冲动也易平复的典型特征，这是他们处于"后叛逆"青春期的主要特征。

第三，叛逆与批判。叛逆是主体在没有感觉的情况下发生的，是他人感觉出来的主体的心理特征；而批判是主体主动进行的，是叛逆心理的一种表现形式。批判只要是在合理的界限范围内进行，是应该鼓励的，这是大学生心理成长过程中必经的阶段。批判思维是青年共有的成长特征。当代大学生的叛逆心理外在表现为批判思维意识，对待人和事物，首先是从找问题的角度去切入，这也是后现代主义思潮对当代大学生的影响所造成的。对权威的解构，不相信权威，是叛逆的外在表现。挑战权威是当代大学生批判思维的根本动力，也是学习知识和技能的动力。就"叛逆"和"批判"两个概念来讲，对事物都要问为什么，当代大学生自我的感觉不是叛逆，而是批判。

（五）健全人格逐步形成

人格在心理学上亦称"个性"，是指"个人稳定的心理品质。包括两个方面，即人格倾向性和人格心理特征。前者包括人的需要、动机、兴趣和信念等，决定着人对现实的态度、趋向和选择；后者包括人的能力、气质和性格，决定着人的行为方式上的个人特征。这两方面的有机结合，使个性成为一个整体结构。由于个人的遗传素质尤其是社会实践活动各不相同，使各人之间在人格倾向性和人格心理特征方面各不相同，形成不同的人格，即个别差异。这种个别差异不仅表现在人们是否具有某种特点上，而且还表现在同一特点的不同水平上"①。习近平总书记指出："要坚持不懈促进高校和谐稳定，培育理性和平的健康心态，加强人文关怀和心理疏导，把高校建设成为安定团结的模范之地。"② 心理健康成长是当代大学生成长的重要部分，健康的心理素质是形成良好品德的基础，健全的人格是心理健康的主要标志。

当代大学生的动机、需要、兴趣、信念、意志、情绪和思维（心理方面的成分）决定着他们的态度、选择和趋向，是人格的倾向性。能力、气质和性格受人格倾向性因素的影响，人格倾向性的正确，能使能力发挥出最大的功用，能使气质和性格得到他人的认可。具有正确的人格倾向性和人格心理特征就具有了健全的人格，健全的人格是健康的心理的核心要素，健康心理能给人带来勃勃生机；相反，不健全的人格

① 辞海［K］.上海：上海辞书出版社，2009：1879.
② 习近平在全国高校思想政治工作会议上强调把思想政治工作贯穿教育教学全过程开创我国高等教育事业发展新局面［N］.人民日报，2016-12-9.

导致的心理疾病也会导致人生的悲剧。近年来，大学生心理问题日益增多，心理危机事件时有发生，从本质上讲，都是由于不具备健全的人格而造成的。这种新的形势对高校的教育工作提出了新的要求，构成了新的挑战。

二、当代大学生心理成长的规律

心理健康教育是大学生日常思想政治教育的重要组成部分，心理是否健康是大学生健康成长的基础，心理健康影响着大学生的观念和行为，当代大学生的心理成长有着自身的特殊性和规律。当代大学生的心理成长规律是指在心理成长过程中各要素之间内在的、本质的、必然的联系。

（一）自我意识增强规律

自我意识是指个体对自己生理、心理及社会关系的自我觉察和认识，即自己对自己的认识，普遍具有主观性。"自我意识包含了自我认识、自我体验和自我控制三种形式，体现了心理过程的知、情、意的统一。"① 自我认识是自我意识的第一步，是当代大学生对自己生理和心理的一种主动认知，是对自己在社会和群体环境中扮演角色的一种定位。自我体验是自我意识的第二步，自我认识决定自我体验，自我体验反过来影响自我认识，甚至强化了自我认识。自我体验主要体现在当代大学生自尊心强烈、渴望他人关注、希望得到认可以及向往异性等方面。自我控制是自我意识的第三步，"是自我意识的意志成分，是自己

① 谭德礼，江传月，刘苍劲，等．当代大学生思想特点及成长成才规律研究［M］．北京：人民出版社，2012：37.

对自身行为与思想言语的控制。"① 其中，独立意识是自我意识的重要表现形式。当代大学生的日常行为，不论是学习、消费、文化还是网络，都会体现学生强烈的自我意识和丰富的情感，但往往不够成熟且情绪波动较大。当代大学生的主体意识逐渐增强，追求自由独立和成人感，在为人处事、衣着打扮等诸多方面都更加具有自我意识，有了自己做决定的主观愿望，自我意识不断觉醒、不断增强。当代大学生具有较强的独立意识，一方面，他们不盲目服从权威，初步具备了判断是非的能力，有了自己做决定的主观愿望，具有一定的思辨能力和批判精神；另一方面，他们中的一些人个人主义色彩浓厚，过多注重自我利益的最大化，较少关心集体或团队的利益，甚至被称为"精致的利己主义者"，亟待教育和引导；再一方面，当代大学生的自我意识增强还体现在他们强烈的被认同需求上。被认同是人类普遍具有的心理活动，大学生也不例外。他们作为掌握较多知识的群体，具有强烈的被需要感，认为自己是有价值的人，是有用之人，具有强烈的被认同需要，这本身是他们成长成才中的积极因素，无可厚非。然而，这种被认同的需要只有在被加以正确引导的情况下才会发挥正面作用，否则就会走向极端而带来副作用。

（二）认知能力发展较快规律

"认知"是现代心理学中的一个概念，是指"人类认识客观事物、获得知识的活动"②。认知包括知觉、记忆、学习、言语、思维和问题解决等过程，按照认知心理学的观点，人的认知活动是人对外界信息进

---

① 谭德礼，江传月，刘苍劲，等. 当代大学生思想特点及成长成才规律研究［M］. 北京：人民出版社，2012：38.
② 辞海［K］. 上海：上海辞书出版社，2009：1891.

行加工的过程。① 当代大学生心理成长过程所表现出来的特征，充分说明他们的认知能力发展较快。

从生理特征上看，大学生（主要指本科生和硕士研究生阶段）处于17—25岁的青年期，他们朝气蓬勃，思维活跃，对外界事物具有强烈的好奇心和求知欲。进入大学后，逐步实现了相对独立的生活，对外界的认知也具有了一定的独立性。他们不再满足于一成不变的生活模式，对于认知过程中的事物，具有自己独立的思考和认识。也正是在这种思考和认识中，他们逐渐适应大学生活，进而提升自己的认知能力和水平。大学期间，自理能力的两极分化实质上是他们解决问题能力的分化。部分大学生适应大学生活的节奏较慢，导致他们在自理能力方面走向另一个极端。强烈的自信意识，是当代大学生对自我认知的肯定，这种"肯定"有时存在一定的偏差，因此在实际生活中，他们也有一部分人存在一定的心理问题。后叛逆时期的显著特征，体现了他们在认知过程中具有的批判精神，对于"权威"的批判，是他们认知外界事物的"常态"。健全的人格逐步形成且趋于稳定，是他们认知能力提高的体现。

第二节　当代大学生思想品德成长的特征及规律

人的成长是一个选择的过程，选择就意味着挑选和决定，挑选和决定的标准就是价值。价值包括"真理、创造、美、仁慈、完整、活力、

---

① 辞海［K］. 上海：上海辞书出版社，2009：1891.

独特、正义、直率和自我满足等"①。思想是指"客观存在反映在人的意识中经过思维活动而产生的结果"②。品德是指"品质道德"③，思想品德是指人们在一定的思想的指导下，在品质道德中所表现出来的稳定的心理和行为的总和。思想的内容是由社会制度的性质和人们的物质生活条件所决定的，因此，思想指导下的品质道德就与一定的社会发展水平相适应。思想品德成长规律就是指品质道德活动的规律，是主体品质道德心理和行为内在的、本质的、必然的联系。

一、当代大学生思想品德成长的特征

（一）思想主流健康积极向上

习近平总书记指出："要坚持不懈传播马克思主义理论，抓好马克思主义理论教育，为学生一生成长奠定科学的思想基础。"④ 从访谈的结果来看，受访者认为：当代大学生从总体上来说是有人生理想的，这是他们这个群体价值观和人生观在奋斗目标上的集中体现。他们成长的主流是积极健康向上的，在心理健康、学习行为和网络行为等日常行为方面的主流也是很好的，但也存在一些问题。近几年在实际的学生工作中遇到很多新问题、新困难就是这些问题的表现。虽然当代大学生思想多样化，也存在一定差异，但从总体上来说，当代大学生的"思想政治面貌总体健康向上，拥护中国共产党的领导，对中国特色社会主义事

---

① ［美］亚伯拉罕·马斯洛. 动机与人格［M］. 北京：中国人民大学出版社，2012：Ⅲ.
② 现代汉语词典［K］. 北京：商务印书馆，2012：1230.
③ 辞海［K］. 上海：上海辞书出版社，2009：1737.
④ 习近平在全国高校思想政治工作会议上强调把思想政治工作贯穿教育教学全过程开创我国高等教育事业发展新局面［N］. 人民日报，2016-12-9.

业充满信心"①。当代大学生拥护和支持党的大政方针政策，坚决拥护以习近平同志为核心的党中央。高度认可和赞同习近平新时代中国特色社会主义思想。

第一，坚定"四个自信"。当代大学生普遍对中国特色社会主义道路充满自信，对国家的发展方向和未来命运充满自信；他们认为道路自信就是要坚定地走中国特色社会主义道路，中国特色社会主义道路是实现社会主义现代化的必由之路；他们能认识到坚持走中国特色社会主义道路是被近代史反复证明的客观真理，是中华民族走向繁荣富强的根本保证，也是中国人民生活幸福的根本保证。当代大学生普遍对中国特色社会主义理论体系的科学性、真理性充满自信，认为中国特色社会主义理论体系是马克思主义理论的重要组成部分，是对马克思主义的继承和发展；坚定理论自信就是要坚定实现中华民族伟大复兴的自信，就是要坚定创造人民美好生活的自信。当代大学生普遍对中国特色社会主义制度具有制度优势充满自信，认为社会主义制度具有巨大优越性；坚定地相信社会主义制度能够推动经济社会发展、维护国家和社会稳定，能够保障人民群众的自由平等权利和人身财产安全。当代大学生普遍对中国特色社会主义先进文化充满自信，认为社会主义先进文化是对中国传统优秀文化的继承和发展；对中华民族优秀传统文化充满自豪感；普遍认同社会主义核心价值观。当代大学生普遍有着很高的民族认同感和强烈的爱国主义情怀。如面对美国的对华制裁、韩网友称汉服是韩服事件等，大学生群体坚定文化自信、道路自信、理论自信、制度自信，坚定地维护国家和民族利益，能够站在国家和民族的立场上为中国发声。

第二，具有强烈的爱国主义情怀。当代大学生普遍具有强烈的国家

---

① 中长期青年发展规划（2016—2025）[M]. 北京：人民出版社，2017：2.

自豪感，这是具有爱国主义情怀的体现。爱国主义是指"个人或集体对祖国的一种积极和支持的态度"。当代大学生对祖国普遍持支持态度，对祖国的发展和未来方向普遍持积极态度。这就表明，当代大学生能正确地界定自身和祖国的关系，认为没有国就没有家，更没有自身个体自由的成长和发展；认为自己是依存于祖国的，祖国是自己强大的后盾；对祖国有深深的归属感、安全感、尊严感和荣誉感，认为爱国就是爱自己的家园，就是爱自己的亲人。当代大学生思想主流方面认同社会上的主流思想，坚持中国特色社会主义道路，这方面是基本上没有偏差的。当代大学生有比较强的民族自豪感，但是他们还想要求更多、更强，有时显得操之过急。习近平总书记在十九大报告中指出，要加强思想道德建设，要加强爱国主义教育，人民有爱国主义的信仰，国家才有力量。从总体上看，当代大学生具有正确的国家观和历史观。

当代大学生普遍有着很高的民族认同感和强烈的爱国主义情怀。如面对美国的对华制裁、韩国网友称汉服是韩服事件等。大学生群体坚定文化自信、道路自信、理论自信和制度自信，坚定地维护国家和民族利益，能够站在国家和民族的立场上为中国发声。

第三，具有强烈的民族认同感。民族认同感是社会成员对自己民族归属的自觉认知，是在民族交往过程中对自己民族形成的一种认识、态度和行为。民族认同的过程就是民族交往的过程，是民族互相了解的过程。费孝通先生把民族认同的发生看作是一种"人己之别"形成的过程，在交往过程中，意识到自己民族与其他民族的不同，进而对自己的民族产生民族归属感。绝大部分同学都能辨别大是大非问题，比如在国家荣誉感和民族归属感等方面。民族认同感的产生是一个自觉的过程。当代大学生出生在综合国力相对强盛的年代，他们具有强烈的民族文化自信和民族认同感，具有正确的民族观，能正确看待民族和民族问题。

他们对民族文化有深深的认同感,具体就表现为具有强烈的民族自尊心和自信心。较之于更早一代的大学生,他们对民族品牌的产品越来越喜欢。他们对国外生活的态度也比较客观,不会崇洋媚外,也不盲目排外,能冷静客观地看待国家与国家之间的不同。

(二) 普遍具有民主意识

民主意识有广义和狭义之分。广义的民主意识主要是指参与国家大事和对国家大事发表意见的权利方面的意识;狭义的民主意识主要是指人的个体在自己思想和行为方面所具有的民主平等的意识。此处,对当代大学生民主意识的研究主要是对狭义民主意识的研究。

第一,普遍具有狭义性质的民主意识。在当代,随着社会经济的发展,人们的观念也在逐步转化,认识到了素质教育和综合发展的重要性,在日常家庭和学校的管理和教育中,更多地倾听学生的意见和建议,家校管教的民主氛围有了较大进步,家庭和学校的管理教育越来越民主。当代大学生的民主意识,主要是与自身成长相关的内容所具有的民主意识。他们在和人相处的过程中对平等的诉求是最大的;在社会参与和群体参与方面,民主意识表现得很突出,比如,集体决策的发言权、集体管理的参与权,等等。受民主文化的熏陶和我国政治改革的影响,当代大学生的民主意识和参与意识越来越强烈。

第二,选择式认可权威。多元文化和思潮对当代大学生的影响较大,他们解构权威,对所谓的权力和威势不敏感,这和他们处在"后叛逆时期"是有密切关系的。对在某种范围里享有威望的人或事物是选择式认可,比如,在教育主体里面,他们就比较信服具有较高人格权威和知识权威的人,对这类人算灌输的教育内容印象也是比较深刻的。

第三,突出个体思考和感受。当代大学生的年龄阶段特征,决定了他们在这个阶段成长所具有的特征,独立意识越来越强,自我感觉是独立的大人了,能独自解决问题和困难,强调个体思考,重视个体感受,在一定程度上厌恶空洞、不切实际的标语性、口号式、"填鸭式"的宣传教育。当代大学生突出个体思考和感受,是向外界展示自己独特性的心理需要,他们不希望自己受到外界的打扰,不希望别人对自己"指手画脚";在遇到问题进行交流时,和任何人说话的方式都是趋同的——平等交流。当代大学生民主意识比较强烈,体现在他们对于自我意识的抒发有很强的愿景,希望得到平等尊重的态度,这是与大学生对话的第一步。

(三)逻辑思维特征明显

逻辑思维又称抽象思维,是指反映客观事物规律的理性思维过程。理性思维的过程就是指在认识事物的过程中借助概括、判断、推理和抽象等思维形式能动地反映客观现实的理性认识过程。当代高等教育在强调传授知识的同时,也非常重视大学生综合能力的培养,逻辑思维能力是当代大学生诸多能力中起基础作用的能力。逻辑思维能力是指正确地、理性地认识事物的能力,即对事物进行"观察、比较、分析、综合、抽象、概括、判断、推理"的能力,是有条理地表达自己思维过程的能力。

第一,逻辑知识教育的现状。有学者认为,当代大学生逻辑知识的教育现状是"先天营养不良,后天营养不足"。"先天营养不良"主要是指在高中教育阶段,对逻辑知识教育认识不足,认为是可有可无,对基本逻辑知识"视而不见",更谈不上系统地教育引导了。"后天营养不足"主要是指在进入大学阶段后,很多高校对逻辑知识教育仍然认识不足,除了一些学科开设《形式逻辑》等逻辑学知识相关课程外,面向全体大学生的逻辑知识教育课程开设几乎没有。"先天营养不良"加之"后天营养不足",导致了面向当代大学生的逻辑知识教育的匮乏,也导致了当代大学生在逻辑思维能力方面存在一些问题。

第二,批判性思维意识较强。具有批判性思维是当代大学生逻辑思维最显著的特征之一。批判思维是指"基于充分的理性和客观事实而进行的评估和客观评价"①。从总体上来看,当代大学生善于独立思考、敢于怀疑,不"人云亦云"。不为无事实根据的传闻和"小道消息"所左右。他们在学习基础理论知识的同时,通过学习和模仿,独立思考,创新思维,敢于创造,使自己具有了创新意识和能力。他们对传统观念和"常识"持批判吸收的态度,有从众心理但不会盲目从众,认可权威但会选择式服从权威,接受经验但会通过实践检验经验。他们个性突出,思维活跃,不随大流,打破思维定式。批判性思维有助于打破认识事物的片面性。当代大学生的逻辑思维和抽象思维能力不断增强,且具有年轻人的显著特点,怀疑意识和批判性思维较强。

第三,认知事物概念模糊。认知是人们对获得的知识和信息进行加工的过程。人们形成事物的概念,主要有两个渠道,一个是对外部信息的认知而形成概念,另一个是自我感受认知获得概念。认知外部信息形成概念的渠道:当代大学生对外部获得的知识认知是较为一致的,但应用和实践过程是有差距的;对外部获得的其他信息,由于受传统思维及社会大背景的影响,来自不同家庭环境的大学生对外部获得信息的认知存在不同的看法,因而也会对同一事物形成不同的概念,主要表现为对同一个事物的概念认识不一致,还有就是对同一事物概念的对错判断不一致。认知自我感受形成概念的渠道:对自我感受的认知受主体的综合

---

① 张志超,汪安平.浅析大学生逻辑思维能力培养 [J].民营科技,2010 (11):111.

因素的影响，不同的文化背景、家庭背景和教育背景都会对人的认知产生影响，就像客观事物在主观认识中表现出来的不同。比如，当代大学生对集体概念认识不清。特别是对于集体和个人的认知有时会出现偏差，在对待集体的时候，有些人的想法也不算是特别先进，还是有"自私"的因素在，他不会觉得自己的缺席对集体活动影响很大，或是在集体需要的时候，宁愿自己去玩也不愿意为集体牺牲时间。

第四，类比思维意识较强。类比是一种推理方法，类比思维是"根据两种事物在某些特征上的相似，做出它们在其他特征上也可能相似的结论"①的思维活动。类比具有或然性的特征，是随机的、没有规律可循的，其结论是否正确还有待实践证明。在实际中，当代大学生具有较强的类比思维意识，比学习、比生活，甚至比"朋友圈"和"饭圈"，等等。他们很多时候把这种或然性的对比，当成了必须有必然性结果的对比，因此就产生了攀比心理、炫富心理，甚至各种扭曲的心理状态。类比思维也是当代大学生具有竞争意识的体现，但这种对比必须加以引导，不能让他们认为这是一种简单的比较，个人所取得的成绩是和各自的禀赋有关的，是自身内在的因素决定了结果的产生，而不是自己具有和他人相同的身份特征，就绝对和他人拥有同样的生活。

第五，存在二元思维意识。二元思维是一种非此即彼的思维模式，是把复杂地对事物的认识简单地二元化，是一种非理性的、不科学的思维模式。当代大学生总体上具有较为科学的思维意识，他们正处在心智尚未完全成熟的成长阶段，二元思维意识在他们中间有一定的"市场"，这是他们思维不成熟的表现。这一类大学生抽象思维能力较差，不善于运用概念、判断、推理等形式进行论证。具有二元思维意识的大

---

① 《现代汉语词典》[K]. 北京：商务印书馆，2012 年 6 月第 6 版：787.

学生，对事物的认识较为单一，一般认为事物就分为对与错、真与假、善与恶等。思维意识的二元化导致思维的简单化，最终导致了他们适应社会能力的弱化。在实际中，这类大学生抗挫折的能力也很差，简单的思维意识会让本质上很复杂的事物给他们带来较多的打击，这也是有些大学生人际关系差、日常行为问题较多的根本原因。存在二元思维意识是当代大学生思维方式单一化的表现，这种简单的思维方式对高等教育特别是对思想政治教育工作带来了较大挑战。

（四）政治认同特征明显

政治认同是指"人们在社会政治生活中形成的一种对国家、政党、政治思想在感情和意识上的归属感"。在社会中，"人们常会在一定的社会政治关系中确定自己的身份，如把自己看作某一阶级或某一政党的成员，并自觉或不自觉地以某一政治角色的要求作为自己政治信仰和政治行为的规范。这种现象即为政治认同"[1]。大学生政治认同的态度事关国家的发展和未来。习近平总书记指出："古今中外，每个国家都是按照自己的政治要求来培养人的，世界一流大学都是在服务自己国家发展中成长起来的。我国社会主义教育就是要培养社会主义建设者和接班人。"[2] 习近平总书记的讲话非常明确地指出，我们国家在培养大学生方面的政治要求就是培养社会主义建设者和接班人。当代大学生对当前的主流意识较为认同；对当前新思想的政治地位、政治立场和政治价值发自内心地认同，尤其是疫情防控期间，通过网络的了解，有了国内外的对比之后。

第一，政治信仰。政治信仰是指"人们对政治主张、学说、主义

① 辞海 [K]. 上海：上海辞书出版社，2009：2929.
② 习近平. 在北京大学师生座谈会上的讲话 [N]. 人民日报，2018-5-3.

的尊奉和崇仰"①。在全球思想文化交流、交融、交锋的大背景下，我国的高等学校面临的意识形态方面的挑战也日益严峻。在政治信仰方面，当代大学生总体上信仰马克思主义，认为马克思主义是科学的理论；也有一些大学生对马克思主义认识不深，理解不透，甚至存在一些误解。当代大学生总体上坚定信赖中国共产党，认为中国共产党是中国人民的主心骨，认为只有中国共产党才能领导国家发展得越来越好；在当代，由于受多元文化的影响，受历史虚无主义等思潮的冲击，在大学生中间出现过对中国共产党的历史和人物的歪曲理解，政治信仰产生松动。当代大学生普遍认为实现中华民族伟大复兴的中国梦一定能够实现。

第二，政治行为。政治行为是指"介入政治过程中的各种活动"，通常与政策制定或权力行使有关。② 当代大学生的政治行为主要是指他们对政治行为的态度，以及他们自己参与政治行为的情况。包括内隐在政治行为中的"政治思想、政治立场、政治认知、政治判断、政治态度等"。当代大学生的政治行为从总体上看主流是积极健康向上的。有调查显示，"当前多数大学生对政治有极高的热情和浓厚的兴趣，其政治行为的主流积极健康向上"③。当代大学生关注时政热点问题，具有自觉的爱国爱党意识，相信党和政府是真正为人民谋利益的。

第三，政治参与。政治参与是指"公民自愿地通过各种合法方式影响公共权力的行使和公共政策的制定过程的行为"④。当代大学生对加入中国共产党持有非常高的热情，认为中国共产党是一个先进的组

---

① 辞海［K］. 上海：上海辞书出版社，2009：2930.
② 辞海［K］. 上海：上海辞书出版社，2009：2930.
③ 黄蓉生，王华敏. 大学生政治行为现状调查与引导对策［J］. 学校党建与思想教育，2014
　　（21）：8.
④ 辞海［K］. 上海：上海辞书出版社，2009：2928.

织，成员都是具有信仰的党员，他们认可"为人民服务"的宗旨，坚定"四个自信"，怀有正确的入党动机。也有一小部分大学生以较为功利的心态积极递交入党申请书，这一部分学生主要以低年级学生为主，他们对党的性质和宗旨认识不清，对党的知识了解不够，主要是认为中国共产党党员是优秀分子，能在将来就业的过程中给自己带来优势。也有个别大学生盲目跟风，抱有从众心理，看到别人申请入党，自己也提出入党，但在思想深处对党的了解是不够的。

（五）道德观念的形成

道德是指"以善恶评价的方式调节人际关系的行为规范和人类自我完善的一种社会价值形态"。道德观念是指"支配人们进行道德判断、评价和道德活动的观念"[①]。人的道德观念的形成发展过程，"既是由不知到知的过程，也是由知向行转化的过程，需要经过知、情、意、信等心理因素的矛盾运动才能完成"[②]。具有什么样的认知水平，就具有相对应的信念、动机和行为，从这个角度讲，个体人的认知水平和其对待事物的信念、动机和行为是同一的。也可以看出，认知在人的道德观念结构中具有重要的地位。

第一，普遍认可社会主义核心价值观。社会发展的现代化带来了价值观念的严重冲突。一方面科学技术水平高速发展，生产力水平提高，物质资料越来越丰富；另一方面，国际风云变化莫测，文化日益多元，各种思想交相融合冲突，一些腐朽的享乐文化也随之而来。当代大学生的成长面临着严峻的挑战，特别是对他们世界观、人生观、价值观的形

---

① 辞海 [K].上海：上海辞书出版社，2009：408.

② 《思想政治教育学原理》编写组.思想政治教育学原理 [M].北京：高等教育出版社，2016：157.

成和形塑带来了挑战。习近平总书记指出："要坚持不懈培育和弘扬社会主义核心价值观，引导广大师生做社会主义核心价值观的坚定信仰者、积极传播者、模范践行者。"①

第二，道德品质。国无德不兴，人无德不立。党的十九大报告指出，"要全面贯彻党的教育方针，落实立德树人根本任务"，培养德、智、体、美、劳全面发展的社会主义建设者和接班人。要在加强当代大学生品德修养上下功夫，教育引导他们践行社会主义核心价值观，踏踏实实修好品德，成为有大爱、有大才、有大情怀、有大德的新时代的大学生。党的十九大报告要求落实立德树人的根本任务，将"立德树人"放在"全面发展"之上。由此可见，在当代大学生成长诸多要素中，道德观念的成长是最为根本的要素。"中国传统哲学的'仁'论和把仁与人统一起来的思想，确立了人的道德属性，对今天的道德建设和人格修养，仍然具有重要的启示意义。"② 孔子"倡导的是德性的教育、性情的教育、人格的教育与终身的自我教育"③。教育的本质是培养人，教育的本质是立德树人，培养人就是立德树人。高等学校要将德育摆在突出地位抓好抓实，人的德性成长是教育的首要任务，人的德性成长也是人的全面发展的根本保障。习近平总书记指出："要把立德树人内化到大学建设和管理各个领域、各方面、各环节，做到以树人为核心，以立德为根本。"④ 育人和育才统一于人才培养的全过程，育人为本，人无德不立，立德是育人的根本，"这是人才培养的辩证法，办学就要尊

① 习近平在全国高校思想政治工作会议上强调 把思想政治工作贯穿教育教学全过程 开创我国高等教育事业发展新局面 [N]．人民日报，2016-12-9．
② 《中国哲学史》编写组．中国哲学史（上）[M]．北京：高等教育出版社，人民出版社，2012：45．
③ 《中国哲学史》编写组．中国哲学史（上）[M]．北京：高等教育出版社，人民出版社，2012：53．
④ 习近平．在北京大学师生座谈会上的讲话 [N]．人民日报，2018-5-3．

重这个规律，否则就办不好学。"①

（六）价值观的养成

价值观是指"人们对人生价值的认识和根本态度"②。价值观具有行为取向的功能，它是人生观的组成部分。当代大学生对己"自我"，对事物比较现实，对社会有关怀之心，对他人有平等、同情和包容之心。主动自我社会化，主动融入当代社会的发展；价值取向多元化，注重个人价值实现。当代大学生价值观的形成基本遵循以下这个模式：成长环境—行为反应—价值观形成。

第一，对待自己的态度。懂得自我是当代大学生对待自己的态度。他们成长的环境物质条件总体较好，部分家庭困难的学生也有很多获得资助的渠道，总体来说，他们具有一定的独立的"财权"。在独立地处理自己的事情的过程中，能逐步认识自我、了解自我。移动互联网的大发展和互联网内容的大爆发，使当代大学生高效地发现自己的兴趣和爱好，获取更多信息，包括学习中和生活中与自己密切相关的信息。在大学阶段，相比相对封闭的高中阶段，当代大学生具有了很多自主权，比如，很多和自己相关的决定都是自己做的，少了一些父母和教师的干预。这些也有利于他们对自己的认识，比如，自己的兴趣、自己的优缺点，等等。家庭条件相对较好的成长环境，使当代大学生出国的可能变成现实，使他们开阔了视野，增长了见识。

当代大学生普遍自我意识增强。当代大学生"自我意识发展的最主要特点在于追求自己内在世界中存在着的'本来'的、本质的自我，

---

① 习近平. 在北京大学师生座谈会上的讲话［N］. 人民日报，2018-5-3.
② 辞海［K］. 上海：上海辞书出版社，2009：1058.

并将注意力集中到发现自我、关心自我的存在上"①。意识独立性强，强调个性化、趋同性低。当代大学生是相对比较"彻底"的"独生一代"，绝大多数不用与兄弟姐妹瓜分父母的爱和资源，这形成了他们较强的自我意识，容易以自我为中心，其中一部分会逐渐成为精致的利己主义者，不顾及他人的感受。当代大学生大多渴望独立，但大部分人碍于自身能力等因素，还需在很长一段时间内依赖父母。在长时间远离家人的大学生活中，若不能及时找到合适的伙伴，容易在思想和心理上变得更加孤僻自闭。敢于强调话语权和自由是当代大学生的一大成长特点。

第二，对待他人的态度。平等、包容、关怀是当代大学生对待他人的总体态度。当代大学生由于成长环境的影响，对于权威总体上是叛逆的和抵触的，认为人与人是平等的关系。网络赋予他们强大的信息获取能力，也给予他们发声的平台，他们渴望为自己的想法发声，而不愿屈从于权威，限制自己的思想。在生活和学习中，对于人格权威和知识权威高的人有一定认可。在互联网时代，由于信息来源的广泛性，当代大学生认为专家的所谓"唯一权威"的地位是不存在的，面对权威，他们会质疑，会问"为什么"。他们不会将长辈和权威画上等号，不会认为长辈说的就是对的，会坚持自己认为正确的主张。在当代大学生成长的家庭和学校等微观环境中，管理和教育的方式越来越民主，培育了他们平等的思想。他们跟任何人进行对话的方式都是一样的，都是有平等意识的。他们勇于发表自己的想法，在面对父母和老师的时候，也会主动表达自己的想法，对社会热点和国家大事表现出了积极参与的态度，

---

① 陈万柏，张耀灿. 思想政治教育学原理（第三版）[M]. 北京：高等教育出版社，2015：165.

也会发表自己的想法和意见。这种主动表达的特点，是他们思维活跃的表现。

成长环境的开放、移动互联网的迅猛发展、信息大爆炸，受这些外在成长因素的影响，当代大学生会尊重他人的不同看法和不同意见，包容他人。当代大学生是独生子女为主体的一代，学习和生活压力的增加，使他们从内心深处渴求朋辈群体的认可和帮助，对朋辈群体产生了深深的归属感，更加希望与他人交流和沟通，既能得到他人的认可也认可他人，更加珍惜朋友，希望有更多的时间和朋友在一起。受这些内在因素的影响，他们对他人、对朋辈群体具有了包容之心。

当代大学生既具有强烈的个性化特点，同时，其集体荣誉感和团结协作意识也越来越强烈。当代大学生对他人关怀的态度，首先体现在他们对于自己朋辈群体的关心，由于成长环境的影响，他们对于独立交往的朋友非常珍惜，在自己的日常生活中，和这些朋友的交流也是最多的。关怀的态度也体现在他们对自己所在集体的同学的关系和对集体的关心方面，学生社团、班级、科研团队等都是当代大学生非常重视的集体活动组织，在这些集体里面，他们积极表现，主动参与，具有集体荣誉感。对他们的关怀态度由最亲近的朋友到自己所在集体的同学再到周围的其他人，呈现出了逐渐减弱关心的"同心圆"模式。

第三，对待社会的态度。从前文对当代大学生成长环境的分析可以看出，当代大学生成长在社会经济发展比较快的时代，受多种文化的影响，他们在社会生活中的行为具有现实性。他们大多数来自独生子女家庭，对家庭资源的重要性非常敏感，这也是基础教育阶段家庭在其成长中扮演重要角色的体现。现实性体现在对自己独立适应社会深深的担忧方面，面对择业、就业和职业发展等问题，他们会努力提升自己以面对挑战，积极获取并且利用各种资源来充实和发展自己。这里的资源包括学习的资源、交际的资源、社会实践的资源，等等。面对复杂的社会，当代大学生表现出了足够的适应性和灵活性，这是从总体上来看的，虽然也有一些大学生适应社会的能力比较差。他们对不同的人展现不同的自己，能根据不同的群体来控制自己的言行。对社会的适应是当代大学生的性格特点决定的，他们思维灵活，接受新事物快，不拘泥于形式，看重交流的过程，善于倾听和换位思考，这些都是他们对社会适应性的体现。

二、当代大学生思想品德成长的规律

当代大学生在成长过程中，从思想主流、民主意识、逻辑思维、政治认同、道德观念和价值观等方面表现出来的成长特征，可以总结概括出以下的成长规律。

（一）内化与外化相统一规律

内化是指个体的人将听到的、看到的观点经过内在思考后，形成自己认可的意识、认知和理论。外化是指个体的人将内在的意识、认知和理论转化为外在的实践和行动。可以理解为有怎样的认识就会有怎样的行动，体现的是意识和行动的一致性。内化与外化相统一也体现在内化自觉转化为外化，它是一个螺旋式上升的过程。其中，内化是外化的前提和基础，外化是内化的目标和结果。

当代大学生具有的最大特征是对自己认知的东西会通过内化而认可它、认同它，之后外化自觉遵从内化，但其前提是必须先内化，进而体现出内化与外化的统一。当代大学生只要是自己接受、认知并认同了的思想，就会不知不觉地外化为自己的实践和行动，从而达到"内化于心""外化于行"的效果。遵循大学生成长内化与外化相统一的规律，将正确的政治意识形态、社会道德规范和思想认知传授给当代大学生，并促进当代大学生内化与外化的统一，无疑对高校的教育者提出了较高的要求。访谈结果显示，受访者认为当代大学生内化与外化相统一最为直接的体现就是对自己感兴趣的事情具有持久和稳定性。日常思想政治教育是引导大学生内化的有效手段。

"爱"与"被爱"的统一是当代大学生内化与外化统一规律的体现。在现实中，"被爱"是人有归属感或安全感的体现，只有把"被爱"内化为价值观和信仰，才能在外化过程中去"爱"，实现爱与被爱的统一。"被爱"能确认自己的重要性，是自己对自我价值的肯定。只有首先"被爱"才能对他人"有爱"。人的价值的体现来自被爱与爱的需求。适度的"爱"会让人体会到"被爱"的感觉，才会激发内心爱的动力。当代大学生迫切需要外界对他们的认可和肯定，这是"被爱"的需要，是自己认为自己有价值的体现。自己"被爱"是他们去"爱"身边人的动力，进而才会肯定社会并主动融入社会，实现内化"被爱"与外化"爱"的统一。

（二）思想与行为相同一规律

思想与行为属于不同层面的人类活动，前者处在意识层面，后者处在实践层面，但二者相辅相成，互相联系、互相转化。当代大学生思维活跃，接受新事物快，信息来源渠道多，对于自己思想上认可的观点和思潮会很快地转化在自己的行为上，体现出明显的思想和行为的同一趋向。行为是指"受思想支配而表现出来的活动"①。当代大学生对教育者所传递的教育信息，不应是被动地接收，而应该是主动地学习、思考

---

① 《现代汉语词典》[K]. 北京：商务印书馆，2012 年 6 月第 6 版：1457.

和接受，将教育者所传递的信息"内化"变为自己的认知和意识，进而指导自己的行为和实践，完成由知到行的转化。内化为当代大学生的精神追求，外化为当代大学生的行动自觉，当代大学生体现出来的最大特征是对内化的东西自己有所认识而觉悟，外化自觉遵从内化，但其前提是必须先内化，进而体现出内化与外化的统一。当代大学生只要是自己接受、认知并认同了的思想，就会不知不觉地外化为自己的实践和行动，从而体现"内化于心"到"外化于行"的统一。① 当代大学生的思想容易转化为直接的行为，思想在实践中易发生变化，自我内部易发生思想和行为的转化。

但与此同时，当代大学生思想行为上最大的特点就是具有从众心理，如消费的从众、择业创业的从众、恋爱观的从众，这些"从众"的出现就是思想与行为的同一性环节出了问题的反映和表现。又如，"面对形形色色的社会思潮，大学生常常感到迷茫、困惑而无所适从，同时也会不自觉或盲目地接受某种思想观念和行为方式的影响"②。因此，思想和行为的同一规律对于高校教育者来讲是把双刃剑。对于正确的"思想"应加以引导，使其内化为当代大学生的价值观；对于错误的"思想"要及时给予教育和阻隔，使其在付诸行为前就停止或改变。

（三）一元与多元相共存规律

"所谓一元，就是只有一种思想、一种选择，一切行动听指挥，对世界的看法都是一种声音、一种看法"③，事实上，世界的发展是丰富

---

① 林伯海，张军琪. 当代大学生成长规律探究 [J]. 思想教育研究，2017（8）：44-45.
② 谭德礼，江传月，刘苍劲，等. 当代大学生思想特点及成长成才规律研究 [M]. 北京：人民出版社，2012：3.
③ 谭德礼，江传月，刘苍劲，等. 当代大学生思想特点及成长成才规律研究 [M]. 北京：人民出版社，2012：132.

多彩的，当代大学生成长的社会背景是纷繁复杂的，各种思想观念、文化思潮对他们的影响是比较大的。当代大学生思想品德成长中的"一元"是指当代大学生思想的主流是积极健康向上的。当代大学生"基本树立了正确的世界观、人生观和价值观，能够从辩证唯物主义的角度出发分析和认识事物，并且已经基本掌握了马克思主义关于社会发展规律理论的一般观点，能够运用历史唯物主义的观点和方法去认识分析社会历史问题及现象"①。这表明，当代大学生普遍认可中国共产党的指导思想，普遍拥护中国共产党的领导。

当代大学生思想品德成长中的"多元"是指他们对多样性的文化观念和价值观的接受，因此，他们的思想成长呈现出多元并存的特点。多元并存的思想品德成长特征，导致"信仰结构的多元化发展态势正逐步显现，信仰价值的功利化和世俗化倾向日益明显"②，但总的来看，当代大学生群体的主流信仰依然是马克思主义信仰。当代大学生对传统文化的接受度不断提高，但依然受外来文化影响大；文化上有很强的民族自豪感，但是对于其他文化有很强的好奇心，也乐于学习和了解，以对比加深对本民族的文化了解和认同。

第三节　当代大学生日常行为成长的特征及规律

行为的概念，首先是从心理学的角度界定的，在心理学上的行为泛指"有机体对所处环境的所有反应的总和，包括所有内在的和外在的、

---

① 杨晓慧. 当代大学生成长规律研究 [M]. 北京：人民出版社，2010：55.
② 杨晓慧. 当代大学生成长规律研究 [M]. 北京：人民出版社，2010：56.

生理性的和心理性的反应"①。当代大学生的日常行为是指当代大学生在生活和实践中对成长所处环境的反应。当代大学生日常行为的成长规律就是指当代大学生在平常的生活、学习和实践中，各种行为内在的、本质的和必然的联系。

一、当代大学生日常行为成长的特征

（一）学习目的功利化趋势

学习是指"个体经过一定练习后出现的，并且是后天习得的，能够保持一定时期的某种变化。是个体在适应环境的过程中，心理上产生的适应性变化过程"②。学习是学生的主要任务，学习过程也是学生锤炼心志的过程，学生的不少品行要在学习中形成。学习也是求得知识技能的过程，学习的过程就是掌握事物发展规律的过程。学习是当代大学生的主要任务，是大学生获取各种知识、实现自我提高的主要途径。学习的技能、方法，以及继承于高年级学生的学科学习特质，是当代大学生学习的基本要素。

功利是指"功效和利益"③，功利化是指追求功效和利益的普遍意识。学习的目的是提高自我具有的技能和本领，提升适应社会和改造社会的能力。学习目的的功利化扩大了学习目的为自我服务的成分，而缩小了学习目的为社会和为他人服务的内容。当代大学生由于成长环境的不同，学习的目的各有不同，总体上来看，功利化趋势比较明显。

第一，为了完成任务而学习。受成长环境的影响，当代大学生一定

---

① 辞海［K］．上海：上海辞书出版社，2009：2565.
② 辞海［K］．上海：上海辞书出版社，2009：2604.
③ 现代汉语词典［K］．北京：商务印书馆，2012：453.

程度上存在学习动力缺乏的现象。他们在进入大学校园以前，在基础教育的前端，经历的是传统的应试教育环境，素质教育欠缺，基本上处于父母做主的状态，比如，对自己兴趣爱好的选择，对学校的选择（包括小学、中学学校的选择），都是由父母做主。考大学选择专业也都是由父母帮助选择，自己主动选择思考的少。父母选择的专业未必是他们喜欢的专业，因此他们认为，学习就是为了完成任务，为了对得住父母，为了找一份好的工作。他们较少思考自我理想，以及自我的职业规划，使学习的功利化趋势明显。当代大学生功利性与纯粹性并存，学习能力和网络使用能力增强。

第二，学习目标缺乏长远规划。当代大学生在大学的学习目的各有不同，有的学生是为了考研，将来能有一个更高的学历，增加就业择业的竞争力；有的学生是为了获得奖学金，解决一部分生活支出的问题；有的学生是为了出国，满足自己虚荣心的要求；等等。这些目标相对来说都不是长远目标，都是阶段性的目标。从总体上来看，当代大学生学习的目的缺乏长远规划。学习目标的短期化，是当代大学生职业生涯规划欠缺的表现。学习目标缺乏长远规划是当代大学生叛逆心理的表现，他们已经习惯了"自己做不了主"的成长模式，对于人生的思考包括学习的目标在内，他们都是抱着随遇而安、"临时抱佛脚"的心理。

第三，普遍重视教育"收益率"。收益率是指获得好处的多少。作为受教育主体，当代大学生所重视的教育收益率主要是指在获得知识和技能的过程中所收获和所付出的比率，这里的付出主要是指经济上的付出。当代大学生成长的环境，是我国市场经济发展较快的时期，国家在教育上的投入逐年递增，但也会收取学生一定的学费和住宿费。另外，在基础教育阶段，家长们望子成龙、望女成凤的心情迫切，在学校教育之外，还为小孩报了各种各样的辅导班、培训班，导致在整个教育的过程中"边际成本"增加，教育总成本也随之增加。因此，当代大学生认为自己是交学费来学习的，自己的学习和被教育是有经济上的付出的，天经地义地就要看重教育的"收益"和"回报"。

（二）互动式学习特征明显

互动是互相作用、互相影响的意思，体现了事物之间互相联系的关系。在学校的学习实际中，当代大学生接触最多的群体是教育者（包括课程教师、辅导员、行政管理人员等）和朋辈群体。在和这些人的相互影响、相互作用的过程中，养成了自己的学习习惯，完成了学习的过程，这个群体对当代大学生的学习影响是最大的。另外，他们在学习的过程中，利用虚拟的媒介和多媒体作为获取信息的工具，实现对传统形式获取的教育信息的补充，因此，当代大学生在学习的过程中和虚拟媒介的互动也是很多的。

第一，与教育主体的互动。教育是指"以影响人的身心发展为直接目的的社会活动"[①]，教育主体就是指影响受教育主体身心发展的群体。当大学生提出问题想获得答案的时候，有可能他已经在大众媒体那里获得了部分的答案，他获取信息的渠道是散发性的，渠道不是唯一的，解构了传统意义上单向唯一传授知识的模式。而他们从其他散发的渠道获得的知识有些是正确的、有些是错误的，他们往往在传统的学习模式下来验证这些知识的正确与错误。

第二，与朋辈群体的互动。当代大学生在大学校园的学习质量受身边朋辈群体的影响较大。朋辈，顾名思义，就是和他们差不多年龄的、有共同语言的、思维方式相似的、日常接触较多的群体，包括同学、朋

---

① 辞海［K］. 上海：上海辞书出版社，2009：1102.

友、高年级的同学、同一科研团队的同学等。朋辈群体对当代大学生的影响是把"双刃剑",身边的朋辈如果是积极向上的,具有良好的品质,那对大学生的影响就是"近朱者赤"的效果;反之,则是"近墨者黑"的效果。因此在教育工作中应充分考虑到"朋辈"这一群体的存在,注重这一群体的巨大影响力。在朋辈群体中,班级同学、宿舍同学对当代大学生的影响最大,互动最多,对他们学习行为的养成起到一定的引导作用。朋辈之间良性的互动有助于建设良好的学风,形成一种好的环境氛围影响力。

第三,与虚拟"媒介"的互动。在网络和信息化发达的当代,学习已经不拘泥于传统的课堂学习的形式,虚拟的互联网已经成为当代大学生学习的新"媒介"。当代社会经济和科技的高度发展,提出了教育终身化、全民化、信息化的要求,教育在个人和社会发展中的作用日益重要。信息化是当代大学生学习的主要手段,他们越来越愿意用网上学习的方式来解决自己学习中遇到的问题,而不是请教老师或者同学,使用计算机和手机比较方便,随时随地就可以进行信息的获取,甚至在课堂上老师讲授知识的同时,他们就在用手机进行知识的确认。当代大学生与朋辈之间互动的主要工具就是具有"微"特征(微信、微博、QQ等)的虚拟"媒介",他们每天花费在网络等虚拟世界的时间是非常多的,不管是学习的需要还是交流的需要,都产生了很多与虚拟"媒介"互动的过程。现在很多多媒体特征的教学形式的出现,也是当代大学生与虚拟"媒介"互动的真实写照,比如,慕课、翻转课堂、共享课堂等的出现,学生在学习的过程中都是使用网络"媒介"进行的。很多老师在进行课后辅导答疑时,也采用了虚拟的"媒介",这也增加了学生与虚拟"媒介"互动的频率。与虚拟"媒介"的互动打破了时间上的限制,打破了传统的课堂授课的模式,提高了当代大学生学习的效率。

第四，与校园环境的互动。当代大学生的主要任务就是学习，学习环境对于学习效果的影响是比较大的，在当代大学生所处的大学校园中，和学习相关的环境主要分为硬件环境和软件环境两个方面。硬件环境主要是指校园建设、教学设备、实验科研环境、生活服务区等方面，软件环境主要是校风学风的建设，软件环境对于学习效果的影响是根本性的。习近平总书记指出："要坚持不懈培育优良校风和学风，使高校发展做到治理有方、管理到位、风清气正。"① 在当代大学生学习的过程中，与校园环境的互动频繁，是相互影响的关系。好的校园环境主要是指拥有良好校风和学风的环境，这样的环境能使他们学习的效果较好，反过来看，大学生好的学习习惯的养成又能促使大学校园形成良好的校风和学风，两者是一种良性互动的关系。可见，校风和学风对于一个学校和学生的重要性。

（三）自主学习意识增强

自主是自己做主的意思。"自主"体现的是主体的主观性、独立性，是主体自觉、主动意识的体现。自主学习是当代大学生学习的主要特征，是区别于基础教育阶段学习的一种学习方式。

第一，自觉学习意识与被动学习矛盾存在。自觉的学习意识是当代大学生学习的主流意识，他们在基础教育阶段养成了学习的良好习惯，或者是在老师父母高强度的学习要求下，养成了学习的习惯。进入大学后，如果他们能较好地适应大学相对自由宽松的学习环境，自己所学的专业也是自己感兴趣的专业，他们在学习上就会延续基础教育阶段自觉

---

① 习近平在全国高校思想政治工作会议上强调 把思想政治工作贯穿教育教学全过程 开创我国高等教育事业发展新局面 [N]. 人民日报，2016-12-9.

学习的"惯性"，自觉学习知识和技能；进入大学后，如果他们对新的环境适应得比较慢，加之所学的专业是父母老师的"主张"，而并非自己所感兴趣的专业，在心理上就会产生或多或少的抵触情绪，表现在行动上就是不主动的学习行为。此时，如果教育者主体介入得不及时、不有效的话，就会加重这种"被动"，使他们在内心深处失去了学习的积极性和主动性，更谈不上自觉学习了。因此，当代大学生的入学教育是非常必要的环节，主要功能是承前启后，重点是"启后"，引导教育他们了解所学专业、了解大学生活。有的大学生学习被动主要是因为自律性差，从高中严格的教育纪律环境来到相对宽松的大学校园里，缺少了老师"手把手"的教育，再加之大学课外活动丰富多彩，部分学生就没能严格要求自己，缺少了学习的自觉性。受访的在校大学生群体认为，当代大学生在学习方面还是比较传统的，比较认同以分数成绩至上，但是大学更加强调自主学习，到大学后期有些同学可能有所懈怠。

第二，以独立学习与自主学习方式为主。一方面，大学的学习环境相对于高中阶段比较宽松和自由，当代大学生身处其中，自主意识较强，多采取独立的方式进行学习。这种独立的学习方式主要表现为课堂集中学习占用的时间相对较少，而课后上自习进行自我独立学习占用的时间较多。另一方面，不同于中学阶段的填鸭式教育，大学的学习生活需要更高的自觉性。配置完善的图书馆、充沛的课后时间等因素，可以保证大学生有机会去接触更多、更广的知识，但前提是符合自己的意愿。同时，大学的学习不单单是学专业知识，还要学如何与人打交道，如何坚持或培养兴趣爱好，如何更加理性、全面地去看待社会现象或一些新闻热点等。有部分大学生自主学习意识较弱，主要表现为没有学习欲望和动力，这部分学生占比比较少，但他们的影响是比较大的，特别是对那些处于主动学习和被动学习中间状态的学生影响较大；还有一部分大学生，一开始也想主动学习，但发现所需的知识量极其庞大，由于自己懒惰和毅力不足，负担不了这个学习强度而造成了学习上的拖延症；也有一部分学生，努力地在持续学习，但发现通过自己的努力仍无法达到要求或仍和他人差距较大，就丧失了学习的兴趣和信心；一部分学生受外界多种因素的干扰而缺少自主学习的动力，比如，沉迷网络游戏、过多的社团工作、谈恋爱、心理问题困扰等。

第三，自觉自我教育。教育者最高的境界就是教会学生"自我教育"，自我教育的内容区别于教育的内容，教育的主要内容是科学技术和专业课本知识，教育的方式主要是灌输。而自我教育的主要方式是当代大学生学会如何去教育自己，对教育由被动接受转变为内心的一种主动需求，自我教育的内容更多的是思想和心理层面的东西，比如思想品德、情商等。当代大学生在参与高等教育的同时，大部分学生都能自觉地进行自我教育，在大学阶段，通过丰富的集体活动和社团活动，锻炼自己与人相处的能力，提高自己被他人包容和接纳的"程度"，参加社会实践，提高自己改造社会的能力和与社会和谐相处的能力等。

（四）学习的层次和维度多元化

在人生阶段性的角色里，当代大学生具有多个角色，他们是社会参与者、是为人子女者、是以求知为主的学习者等，在诸多的角色里，以学习者为主要特征的学生身份，是他们在大学阶段的主要角色。因此，当代大学生最主要的任务就是学习，这个阶段的学习有别于基础教育阶段的学习，这个阶段是以学习专业知识技能为主，以学习为人处世为辅，兼顾社会实践教育，力争使自己从成长到成才，从成才到成熟，发生质的改变，形成良好的心理特质和行为模式，养成健全的人格。

第一，学习内容具有广泛性、丰富性，不局限于课本知识和课堂教授知识。一方面，从阶段性教育的特征来看，较之基础教育阶段的学习内容，大学阶段的学习内容更加丰富，层次和维度多元，不仅要学习课本知识和专业知识，更要学习认识社会和改造社会的各种知识。课本和专业以外的知识，多是实用型和应用型的知识，主要是为了适应社会而学习的，这类知识主要是提升情商方面的知识。另一方面，由于当代大学生成长的信息化环境，大数据、互联网、社交媒体、人工智能等新的信息化手段的出现，他们不仅要学会使用这些手段的知识，也要学会利用这些信息化的手段，去参与到学习中去，对传统的学习起到补充和完善的作用。

第二，课内学习与课外实践相结合的学习模式。由于大学学习逐渐向纵向深度发展，专业课程的学习使得学生很难有机会满足自己的精神需求，因此在第一课堂外，当代大学生对于多元化的课程设置的要求是非常迫切的。他们普遍喜欢第二、第三课堂的教学，参与学习比较多的有艺术体验审美修养、艺术鉴赏评析、文化素养、文艺演出体验、心理素质、传统文化、非物质文化遗产、国学等内容，主要集中在精神层面的需求。除了精神层面的需求外，沟通交往能力提升、体育锻炼等层面的需求也比较多。能力素质是当代大学生成长的内驱动力，课外的志愿服务、劳动技能培养、专业实习等课外实践是课内学习的有益补充，随着社会的发展和人们认识水平的提高，当代大学生对这类课外实践也是非常认可的，参与的热情比较高。可以看出大学生对自身综合素质和能力是很重视的，这也符合了培养德智体美劳全面发展的人的教育目标。

组织开展大学生学科竞赛活动，是高校创新创业人才培养的有效载体和重要手段，而参与学科竞赛也是大学生将课内学习和课外实践结合的典型，丰富了大学生的学习内容。近几年，大学生群体对学科竞赛及科研实践有着较高的参与度，项目作品数量多，竞争难度加大，通过参与各类科研竞赛，大学生锻炼了个人能力，提升了综合素质，促进了自我的成长与发展。

（五）日常行为缺乏主动自我管理的认知

当代大学生多为独生子女，受到来自成长环境的影响，对于父母和家庭有过度的依赖心理，还没有从习惯"被管""被包办"的生活行为中脱离出来，在日常行为方面被动接受安排得多，主动自我管理的意识比较差。

第一，自我管理的意识随年级呈增强趋势。当大学生刚进入大学校园的时候，日常行为明显表现出自我管理较差，对外界的依赖心理较大。首先，对父母的依赖程度最深，这也是父母主动让他们"被依赖"造成的，父母过多的干预造成了他们动手能力较差。其次，对老师的依赖处于一厢情愿的状态，中学阶段的老师对于他们在校的行为都是"了如指掌"的，对他们的"监视"也是全方位的，从学习到情感，从课堂到寝室，都有老师管理的身影，而刚进入大学，由于惯性使然，大学生还会有依赖老师的意识，但大学的老师在日常管理中"让位"给学生的比较多，因此出现了刚进入大学很多学生不适应的问题，比如，有些大一学生心理调整能力欠佳，人际关系调试能力需要加强，进校两个月左右的时间是申请宿舍调整的高发期。学生心理焦虑情绪会随着学习压力的增加而加重。再次，对朋辈的依赖处于主动的状态，当代大学生进入大学会主动和班级同学、同宿舍室友以及同地域老乡进行交流，建立自己的交往圈和朋友圈。

随着年级的增高，当代大学生表现出自我管理逐渐增强的趋势。日常行为更加理性，做出决定更加独立，做决定前征求朋辈的意见、建议比较多，征求父母和老师的意见、建议比较少。随着年级的增高，在重大问题的决定上，也会听取老师和父母的意见。

第二，自我管理能力对日常行为的影响。自我管理意识是自我服务、自我教育和自我监督的前提条件。自我管理能力是指"受教育者依靠主观能动性按照社会目标，有意识、有目的地对自己的思想、行为进行转化控制的能力"。自我认知是自我管理的第一步，客观地认识和评价自己，是有效自我管理的基础。自我完善是在自我认知基础上的自我管理，是对认识到自己的一些不足进行提高的阶段。自我管理是管理他人的基础，只有先管理好自己才能帮助他人进行管理。总体上来说，当代大学生能在自我管理的基础上，管理和他人的交往，在集体中，他们合作意识强烈，成为集体一分子，和他人为了集体目标而协作努力表现出相应的行为；能信任他人、与人为善，善于发现他人的优点；能合理调配运用资源，和集体成员为了共同目标努力；有较强的冲突管理能力，充分沟通、缓解矛盾，能采取措施和方法把控局面；有领导和组织他人的意愿和倾向；能制定合理实际有效的目标，并为此目标而付诸行动；等等。

（六）日常行为文明程度不断提升

文化生活日益丰富，文明程度不断提升，这是当代大学生日常行为所处的一个大的背景和环境。

第一，自觉的美育需求。美育也称为"审美教育"或"美感教育"，是"关于审美和创造美的教育"①。当代大学生自觉对美的教育的需求是他们的成长环境影响的。他们生活在衣食无忧的年代，"仓廪实而知礼节"，物质生活水平提高的同时，往往会对精神生活提出更高的要求。当代大学生群体文化素质水平相对较高，在抓好德育、智育和体

---

① 辞海［K］.上海：上海辞书出版社，2009：1550.

育的同时，也应该抓好美育和劳动教育。客观上讲，在德智体美劳五种教育里面，对美育和劳动教育的欠账也是比较多的。进入大学后，当代大学生从审视自身全面发展的角度，从提高自身综合素质的角度，都开始重视审美的教育。当代高校，在校园文化活动里，开展高雅艺术进校园，非物质文化展示等活动，为当代大学生自觉提高审美素养提供了实践平台。高校开设的通识类课程，第二、第三课堂的课程，都为当代大学生自觉进行美育提供了有利条件。

第二，主动参与文化艺术行为。当代社会经济发展较快，人们衣食无忧，家长有一定的经济能力使小孩在基础教育阶段就能参与文化艺术的学习，大部分当代大学生在进入大学前都会使用至少一种乐器。进入大学后，他们对文化艺术的需求较为强烈。相对宽松的学习生活环境，使他们有了一定空余的时间，这就为参与文化艺术行为提供了直接条件保障。大学里各种文化类社团众多，供他们选择学习的文化艺术类型也很多，为他们参与文化艺术提供了更多的选择。各种文体活动丰富多彩，为他们主动参与文化艺术行为提供了较多的平台。

第三，行为文明程度越来越高。当代大学生富有同理心、关心他人，对于他人的需求和感受敏感，愿意了解并帮助他人，富有同理心的具体表现是能对他人共情共感，换位思考，从行为彼方的角度思考问题，进而改进自己的行为，使行为双方较为和谐，使行为质量和文明程度提高。在交往行为中，他们善于倾听，认真体会他人的需求和观点，不坚持己见，能随机应变，具有灵活性。他们能够通过语言、肢体动作等方式，准确、流畅地表达出自己的意见、想法、观点和思想，且能够运用技巧和方法增进与他人的相互理解，支持他人并取得他人支持，避免误解和冲突。他们在交往中，信任他人、与人为善，善于发现他人的优点；善于运用科学技术手段，提高行为有效能力。他们能审慎、细致、妥善地处理行为的细节问题；对不同环境和不同人群的适应性较强，行为能灵活应变。

(七) 日常消费行为特征

条件整体较好的家庭环境和物质生活优越的社会环境，是当代大学生日常消费的基础。作为没有经济收入的群体，当代大学生的日常消费行为具有其自身的特点，他们的经济来源主要是家庭，消费的能力和水平直接受家庭经济能力的影响。

第一，大学生的每月生活花费在 1500~2500 元，主要花费在饮食、学习、生活用品及服饰或化妆品等方面。绝大多数的学生生活费的主要来源是父母和家庭，也有一部分学生的部分生活费来自奖助学金，一少部分学生的生活费来自兼职或者勤工助学的收入。

第二，透支消费现象较普遍。随着网络消费渠道的便捷化，物质上的极大丰富，对当代大学生产生了极大的诱惑。对一些虚荣心强的大学生来说，家庭所给的生活费无力承担他们所需要的消费，他们就把目光转向了网络贷款，"网贷"目前已经成为影响大学生正常学习生活的一大隐患。他们一时兴起进行透支、贷款消费或分期消费，由于经济来源有限，导致无法按时还款的现象十分普遍。部分大学生的日常花费是通过网络或者分期付款实现的，这是一个值得关注的方面，这种趋势对当代大学生健康消费观的养成构成了严重挑战。

二、当代大学生日常行为成长的规律

(一) 尊重学术威信与人格威信相结合规律

威信不同于权力，但威信是权力的重要来源之一。一般意义上讲，处在青春叛逆期的大学生反抗权力，但服膺威信。这是因为，当代大学生处在高校这个集知识、科技和学术于一体的特殊环境中，面对的教育者通常具有传统威信、知识威信、科技威信和人格威信等。出于对知识和科技的渴求，当代大学生首先崇拜的是教育者的学术（知识和科技）的威信，他们仰慕学问高深的师长，拜他们为师，可以从这些学问高深的人身上学到东西，因而大学生自然会把具有知识威信和科技威信的教育者当作榜样来学习和遵从。

与此同时，当代大学生还特别信服那些具有人格威信的人。自古以来，人格魅力是巨大的威信来源，是最具说服力的力量，而具有良好的品德是树立人格威信的最关键因素。美国政治家、外交家富兰克林说："品德，是人生的桂冠……它是一个人在信誉方面的全部财产……一个人的品德比其他任何东西都更显著地影响别人对他的信任和尊敬。"[①]在高校，大学生在遵从学术威信的同时，最信服的是有人格威信的管理者和师长。当代大学生在接受教育的过程中，作为受教育者主体，如果与之对应的教育者主体是有较高人格威信的人，那么大学生对教育者主体观点和思想的认可及认同度就会提高。这样，就容易使那些由教育者所灌输和引导的价值观转化为他们所认可的价值观。因此，当代大学生服从人格威信的规律应引起高校教育者的高度重视。教育者做到"立德"为先，树立高尚的道德情操、人格魅力，再去向大学生施教，进而实现立德树人的教育目标，的确可以取得事半功倍的效果。

教育主体的教师在教育的过程中处于主体地位，受教育主体的大学生在教育的过程中处于客体地位。受教育者对于教育者的信服和认可是

---

① 于保政. 领导的资本 [M]. 北京：中国物资出版社，2004：63.

教育取得效果的保证。威信一般是指"威望与信誉"①，学术威信就是指在学术领域享有威望的人，人格威信即人格魅力在教育的过程中显示出来的使人信服的力量和威望。

第一，尊重知识威信。按照当代大学生心理成长的规律来讲，他们处于"后叛逆时期"，不相信所谓的权威，甚至会批判权威。但在学习知识的过程中，如果面对的是一位知识渊博、专业知识扎实、学术实力强的老师，他们对待学习的态度就会主动一些，学习就会认真一些。这种在学术上具有威信的老师，在学生群体中具有一定的影响力，这种学生主动服从的威信是来自对学术和知识的认可。当代大学生受后现代主义思潮的影响，对所谓的权威持一种否定和"解构"的心态，能让他们信服的权威少之又少。从当代大学生选课要考虑的因素就可以看出他们对于具有知识威信的老师的认可。

第二，尊重人格威信。人格是人稳定的心理品质，包括人的信念、动机、兴趣、选择、能力和气质的特质，决定了一个人对他人和事物的态度，也决定了一个人的行为方式。在日常的教育过程中，如果教育当代大学生的老师（包括专业老师和思想政治教育老师）是一个大家公认的具有良好品行的人，他（她）在做教育工作的时候就具有了一定的说服力，特别是在思想政治教育方面。思想政治教育具有灌输的特征，在"灌输"的过程中，就是将主流价值观和思想灌输给当代大学生，如何做到"入脑""入心"，真正内化为当代大学生的思想，是教育者主体着重思考的问题。在实际中，当代大学生对于具有人格威信的老师所传授的知识，持一种接受和认可的态度。即使是同样的教育内

---

① 中国社会科学院语言研究所词典编辑室编 . 现代汉语词典 ［K］. 北京：商务印书馆，2012 年 6 月第 6 版，1350.

容，有人格魅力和没有人格魅力的教师教育学生的效果是不一样的。

（二）内外因素相互作用影响成长规律

内在因素是指当代大学生先天形成的内在的、先天的素质；外在因素主要是指当代大学生成长的外在环境。内在因素是在环境等外在因素的影响下发生量变，进而实现量变的积累，最终实现量变到质变的转换，这个过程是当代大学生德智体美劳各种素质形成和发展的过程，是他们优化和提升改造世界主观能动性能力的过程，也是他们成长的过程。古语有云："近朱者赤，近墨者黑""性相近，习相远"，这些话说的就是后天的成长环境对人成长有直接的影响。唯物辩证法认为，事物的发展离不开内因和外因两个方面的因素，内因是事物发展的内部矛盾，是事物运动发展的源泉和动力，是决定事物发展的根本原因；外因是事物发展的外部矛盾，是事物发展的第二位原因。外因作为事物发展变化的条件，它可以促进或阻碍事物的发展变化，起着加速或者延缓事物发展变化的作用。

总结起来就是，内因是事物发展变化的根据，外因是事物发展变化的条件，外因通过内因而起作用。"外因在一定条件下可以决定某种发展的可能性能否变成现实性"①，成长环境是当代大学生成长过程中的"外因"，对大学生成长的质量影响较大，对大学生的成长起着"加速"或者"延缓"的作用。不同的成长环境对当代大学生的成长产生不同的影响，一个良好的外部成长大环境，可以为当代大学生的成长创造良好的条件，加速他们的健康成长；一个恶劣的外部成长环境，必然会对当代大学生的健康成长起阻碍作用，使当代大学生的成长道路艰难曲

---

① 张骏生.人才学［M］.北京：中国劳动社会保障出版社，2006：96.

折。当代大学生是在和环境的相互作用、相互制约的过程中成长的，外在的环境因素制约和影响着内在因素的运动发展，内在因素又反作用于外在的环境因素，使环境变得对自己的成长越来越有利。外在环境因素制约人的成长，人改造环境等外在因素，这是内外因素相互作用、相互影响、相互制约的矛盾运动，这个矛盾运动的过程就是当代大学生成长的过程。

（三）师承效应与代际传承影响成长规律

师承是指"一脉相承的师法"[①]，师法是指"老师传授的学问和技艺"[②]。当代大学生成长过程中的师承效应，主要是指在当代大学生接受高等教育的过程中，老师传授专业知识、进行思想政治教育等过程中，学生从老师一方继承和获得的技能和知识，进而指导自己改造世界的活动。俗话说，"严师出高徒""名师出高徒"，就是对师承效应的形象说明。

代际是指两代人或隔代人之间的关系。代际传承是指当代大学生在日常生活中，从家庭的长辈那里习得的技能、继承的文化传统和观念。对于家长来说，无论是现代远程式的，还是传统活动式的家庭教育依旧是大学生健康成长的重要因素。家长对子女潜移默化的影响在某种程度上将决定着孩子的品行和性格，"家庭环境的熏陶，不仅影响子女的个性发展，而且对子女的世界观、人生观、价值观的形成和确立，起着重要的作用，对人的一生健康成长都有影响"[③]。在当代大学生成长的特定阶段，师承效应的影响在实际中是大于代际传承的影响的。当代大学

①　辞海［K］. 上海：上海辞书出版社，2009：2038.
②　辞海［K］. 上海：上海辞书出版社，2009：2038.
③　邱伟光，张耀灿. 思想政治教育学原理［M］. 北京：高等教育出版社，1999：154.

生的学习能力普遍比较强，对新事物的认知能力强，大学生的学习习惯和对知识的了解，既受发达的网络信息的影响，又受传统的课堂讲授、父母传授等影响。

（四）勇于探索与创新规律

勇于探索和创新是当代大学生成长过程中具备的最显著的特征之一。

一方面，勇于探索和创新是由青年的特点决定的。当代大学生是敢于探索和创新的一代，这种"敢于"是一种主动精神的体现，也是他们主观意识的要求，符合青年人所处年龄阶段的特质。换言之，大学生群体年轻而有朝气，有"初生牛犊不怕虎"的活力，对未知事物的好奇是他们探索与创新的动力。当然，这种探索是在遵循科学精神前提下的探索，创新是在不违背自然规律前提下的创新。

另一方面，勇于探索和创新是由日益激烈的竞争环境所激发的。当今社会迅猛发展，各个领域竞争激烈，对当代大学生的成长提出了较高的期待与要求，同时也形成了较大的压力，倒逼他们主动去思考自己的未来机遇与挑战，进而激发出了他们主动去探索和创新的"内驱力"。与此同时，面对科学技术日新月异的国际环境，身处大发展、大变革的国内环境，当代大学生的探索和创新精神正在源源不断地被激发和激励出来，从而形塑了他们自觉追求的精神气质和成长特质。特别是党的十八大以来，国家向全社会发出"大众创业，万众创新"的号召，极大地鼓励了当代大学生，让他们在探索和创新的过程中实现自身的价值，进而使得勇于探索和创新逐渐成为当代大学生全面发展的时代特征和规律之一。[①]

---

① 林伯海，张军琪. 当代大学生成长规律探究 [J]. 思想教育研究，2017（8）：48.

第五章　网络时代当代大学生成长的
特征及特殊规律

　　特殊规律是指事物某一具体形式的规律，反映的是矛盾的特殊性。当代大学生成长的特殊规律是指当代大学生在成长的过程中，在某些特定的条件下对当代大学生的成长具有意义的规律。特殊规律强调的是规律的条件性和历史性，所谓条件性，是指"规律的适用范围是有一定的条件的，有着特定的适用对象和适用范围"①；所谓历史性，是指"规律的存在方式并非超历史的和永恒的，而是强调某种规律只存在于某个特定的历史时期，当这段历史时期退出历史舞台的时候，这种规律也会随之消失"②。条件性和历史性体现的是环境的特殊性，在特殊性环境里概括总结出来的当代大学生的成长规律，就是当代大学生成长的特殊规律。

　　当代大学生成长的社会环境最典型的特征，就是这个时代是网络的

---

①　梁晓宇. 论马克思主义发展的一般规律和特殊规律 . ［J］. 沈阳干部学刊，2016（1）：27.

②　梁晓宇. 论马克思主义发展的一般规律和特殊规律 . ［J］. 沈阳干部学刊，2016（1）：27.

时代。总的来说，网络时代当代大学生成长的特殊规律可以概括为：网络化生存规律和网络文化引导行为规律。

第一节　网络虚拟环境下当代大学生成长的特征及规律

当代大学生既是"同新时代共同前进的一代"，又是拥有"自己的际遇和机缘"① 的一代，也是"与互联网共同成长的一代"。网络时代当代的大学生成长规律是指当代大学生作为网络空间主体，所表现出来的各种行为，以及决定这些行为的内在因素之间的本质联系。网络的普及给当代大学生带来了极大的影响，从价值取向到行为模式，从道德思想到心理发展，网络在融入生活的同时，也潜移默化地影响着大学生们的思想和行为。

一、网络虚拟环境下当代大学生成长的特征

清华大学网络行为研究所（Tsinghua University Institute for Internet Behavior）认为，网络行为是指网络空间主体的行为，包括交易行为、消费行为、娱乐行为、政治行为和违法行为等。当代大学生的网络行为是指当代大学生作为网络空间主体的行为，这些行为包括当代大学生"作为网络用户的信息、交往和娱乐等所有的网上活动，既包括像一般用户参与网络建设、管理、使用等活动，也包括学习、研究和创新网络知识和技术等专业活动，还包括利用网络学习、研究、传播和服务社会

---

① 习近平. 在北京大学师生座谈会上的讲话（2018 年 5 月 2 日）［N］. 人民日报，2018-5-3（2）.

等活动"①。在网络虚拟环境下，当代大学生的成长具有典型的特征。

（一）现实交往与虚拟交往并存

交往是指互相来往、互相交流。交往方式是指"人与人之间各种社会交往及其形式"②。随着当代大学生对网络的不可或缺，特别是移动互联网技术的高速发展，网络行为成了当代大学生日常行为的主要内容。从交往方面来看，当代大学生的现实交往与虚拟交往并存，虚拟交往所占比重越来越大。

第一，现实交往的特点。在现实交往中，当代大学生具有以下特点：交往过程中，富有同理心、关心他人，对于他人的需求和感受敏感，能比较好地做到换位思考，愿意了解并帮助他人；交往过程中，善于倾听交往对象的心声，认真体会交往对象的需求和观点，不坚持己见，交往总体来说比较灵活；交往过程中，能够通过语言、肢体动作等方式，准确、流畅地表达出自己的意见、想法、观点和思想，且能够运用共情、共感等技巧和方法增进与他人的相互理解，支持他人并取得他人支持，避免误解和冲突；交往过程中，能有效激励他人，激发、引导他人的热情和潜能，一起推进集体目标的实现；交往过程中，通过自己的语言和行为，争取对他人的思想、态度、观点和行为进行改变；看重交往的结果，以结果作为衡量行为的依据；善于运用科学技术手段，提高交往行为有效能力；审慎、细致、妥善地处理交往的行为细节问题；对不同环境和不同人群的适应性较强，交往行为能灵活应变。

第二，虚拟交往的特点。网络和互联网技术的迅猛发展，给人们提

---

① 李卫东. 重视网络道德教育，正确引导大学生网络行为［N］. 光明日报，2007-8-1.
② 辞海［K］. 上海：上海辞书出版社，2009：1091.

供了一种虚拟的交往环境，催生了虚拟交往的爆发式增长。虚拟交往的特点是交往对象之间是虚拟的关系，用真实的或不真实的身份进行虚拟交往互动。自媒体工具的发展，使当代大学生在虚拟世界有了自己的"圈子"，在微信、微博、QQ等社交媒介上，他们非常活跃，把这些工具作为一种展现自我、与他人进行信息交往的载体，打破了传统现实交往的模式。现实交往中很多不能实现的功能，在虚拟交往中能满足他们的需求。在虚拟交往的过程中，他们获取各种时政信息、娱乐信息、学习信息，以及朋辈间的信息。在虚拟世界信息的传播过程中，当代大学生表达了自己的思想，在交互评论的过程中，他们希望得到他人的评论、点赞、认可和支持。在虚拟交往的过程中，他们的表达更加大胆，包括表达内容的大胆和表达方式的大胆，这和网络虚拟世界自我认为的非责任性特征是密切相关的。当代大学生的虚拟交往改变了现实交往的时空限制，可以随时随地进行，可以和不同国家和地区的人进行交流等。总的来说，当代大学生虚拟交往的过程是自己主动进行的，是对现实交往过程的有效补充，能满足很多现实交往不能得到的满足感。同时，虚拟交往也具有分享意识、非责任性、跨时空性等特征，比如，有些大学生存在一定程度面对面沟通障碍，戴耳机的独行侠较多，习惯于"键对键"交流，师生、同学面对面的"尬聊"现象较多。有些大学生沉迷于虚拟交往环境中不能自拔，主要还是想逃避现实人际交往中的困难，逃避现实中人际关系的复杂性，在虚拟世界自由交流，沉迷于虚幻的人际关系，寻求自我安慰。

当代大学生虚拟交往越来越多的趋势，导致了他们在现实交往中的很多问题。在虚拟世界中，大学生的社交能力和范围不断在增加，虚拟交往环境中的新朋友很快就能成为所谓的知心朋友。但是在现实交往中，"他们面对熟悉的老师和同学却产生陌生感，不愿意主动与老师、同学进行交流"①。虚拟交往的增加逐渐淡化了现实中人与人之间的交流，在当代大学生群体中，对虚拟交往越来越依赖，大量减少了现实交往的行为，淡漠了人与人之间的情感交流，使他们失去了很多现实交往的机会和能力。

（二）网络行为参与度高

当今世界是数字化的世界，当今的中国是以大数据建设为背景的"数字中国"。美国研究专家马克·普伦斯基根据人们对数字化生活的融入程度，把社会人口划分为数字难民、数字移民和数字原住民。当代大学生无疑是数字原住民，他们也被称为"网络的原住民"，数字化建设的时代背景塑造了他们独特的心理和思想行为。

第一，网民全员化。一方面，当代大学生作为"网民"已经实现全员化。据《第50次中国互联网发展状况统计报告》显示，截至2022年6月，我国网民规模达10.51亿，较2021年年底增长1919万，互联网普及率达74.4%，较2021年底提升了1.4个百分点。网民中使用手机上网的比例由2018年底的98.6%提升到99.6%。②当代大学生所处的移动互联网时代网络覆盖范围更广、入网门槛更低。据统计，当代大学生的手机持有率几乎达到100%，这使得他们更多通过手机上网，上网时间更长、选择更灵活、内容更多元，真正做到"随时随地"沟通互联，真正实现了移动互联网网民全员化。当代大学生进入大学后，各种上网终端设备的普及为大学生的网络行为提供了基本条件，在时间上相对自由的管理又为其提供了相对较多的上网时间。很多大学生由于自

---

① 杜昀. 自媒体对大学生交往行为与方式的影响及对策 [J]. 高校辅导员，2015.10（4）：63.

② 第50次中国互联网络发展状况统计报告.

控力比较差，养成了很不健康的网络行为，沉迷于网络不能自拔。鉴于此，教育者应当加强引导，让当代学生树立健康的上网习惯，不能让网络行为过分挤占休息和学习的时间。

第二，社会参与度高。当代大学生步入大学后，增加的空余时间、精力和丰富的媒体平台使他们拥有更多接触新鲜资讯、接触社会活动的机会。在成长的新阶段，他们迫切希望自己能够走进社会，因此积极关注社会热点现象和问题，在各种平台上发表自己的见解，成为讨论社会问题的一大参与群体。移动互联网增加了当代大学生参与社会事务的深度，给他们提供了尝试新领域的有效工具和简捷路径。他们对自己感兴趣领域的信息的获取，在当代互联网技术下是非常容易的，对一些社会热度高的事件有积极参与的主动性。

第三，参与网络行为时间长。当代大学生网络参与具有个人选择多样化、自律型、他律型等特征。网络上的选择比现实中的选择更加大胆自由，是他们好奇心的驱使促成的，在网络选择的过程中，辨别是很关键的一环，自律型的大学生一般不会有什么问题，他们具有稳定的心理品质，网络信息不会对他们产生多大动摇。而对于他律型的大学生来讲，在进行网络选择的时候就或多或少地存在一些问题，需要他者力量的介入帮助其进行选择。当代大学生都不同程度地患有"手机依赖症"，大量的学生除了在休息和上课的时候不使用互联网外，其他时间基本在使用互联网。移动设备的便捷使用加剧了这一趋势，也大量挤占了学生休息的时间，有的学生甚至在上课期间也在使用移动设备登录互联网，网络行为成了当代大学生日常生活的重要部分。访谈结果显示，受访者认为，当代大学生网络的使用熟练度比较高，可以随时搜索到他们想要知道的东西。但是也有同学使用不当，沉迷于网络游戏。

（三）新媒体不可或缺

新媒体是相对于传统媒体而言的一个概念，它是一个新的媒体形态，利用网络技术、移动技术、数字技术，通过互联网等渠道，以手机、计算机等为终端，向用户传播信息和提供娱乐的传播形态。也有一种说法，认为新媒体是一种环境，是当下一种"万物皆媒"的环境。新媒体最大的特点就是数字化和移动化，这体现了新媒体获取信息的便捷性。当代大学生是"全员网民化"的群体，几乎100%的人使用移动终端，他们作为新媒体环境的参与者，既影响新媒体形态的发展，也被新媒体环境所影响，他们成长的过程中展现出了特殊的现象。受访者中，从事日常学生管理工作的群体认为：近些年来，也是非常明显的一个趋势，微信、微博、抖音等新媒体平台成了工作的主要抓手，这也能反映出当下的大学生"全民皆新媒"的成长特点。新媒体最大的特点就是"微"，这是新媒体的传播特点，也是当代大学生易于接受的形式。

第一，新媒体的影响是全方位的。互联网作为当代人类社会最重要的信息基础设施之一，对社会生活产生了深远而广泛的影响。网络生活日益成为一种全新的生活方式，网络行为成为人类行为的重要部分。当代大学生是接受互联网最快，受其影响最深的群体。随着移动互联网络技术及其产品的迭代发展，网络新媒体平台深刻影响当代大学生。我们生活的互联网"微"时代，新媒体形态的出现，改变了当代大学生获取信息的手段，这种影响是非常巨大的，比起传统的获取信息的手段，新媒体的便捷性和随时随地性是最大的优势。随之而来的就是各种信息对大学生思想的影响，现在各种信息通过"微"手段，无孔不入，加之大学生心智不成熟，辨别是非的能力较差，对他们价值观的形成产生了较大影响。有怎样的思想就有怎样的行为，新媒体形态的影响，使很多大学生的行为个性化、张扬化，具有很多后现代主义的风格。

第二，新媒体的类型丰富多样。当代大学生思维活跃、兴趣广泛、视野开阔，日常接触的新媒体类型丰富多样，涉及面宽。当代大学生有各自的兴趣爱好，使用各种新媒体的目的也有所不同。但总的来说，他们使用新媒体的主要目的是休闲娱乐、获取资讯以及社交互动，除此之外，在网上购物、阅读学习，生活服务以及资料备份、文件传输等方面，使用新媒体的频率也很高。当代大学生使用比较多的不仅有微信、微博、QQ、抖音等社交平台，还有新华网、人民网、央视网、网易、腾讯、凤凰等各大门户网站，今日头条、百度搜索、网络直播平台等个性化信息智能推荐平台，大学生使用的也比较多。在如此之多的新媒体形态面前，当代大学生基本上不再使用传统媒体形态获取信息，比如，他们不会或非常少地使用电视、广播、报纸、杂志等获取信息。

（四）推崇自媒体

自媒体是指普通人通过网络对外发布信息以及个体传播新闻的形式，是普通大众分享信息的一种崭新形式，个体拥有自己独立的用户号，作为新闻制造主体制作新闻内容，通过独立用户号对外发布。具有传播快、形式新颖、"人人都是新闻发布者"等特征。当下对自媒体的认识，已经扩大了本来狭义的概念，现在一些传统媒体、企业单位、群体等为了迎合受众对新媒体的需要，也纷纷办起自己的自媒体来，拥有了发布信息的公众号。具有信息传播方式非传统化的自媒体，对当代大学生的成长影响较大。

第一，使用自媒体工具非常普遍。当代大学生的各种知识涵养量较丰富，思维活跃，接受新事物快。他们通过自媒体平台主要是获取信息、传播信息、沟通交流、表现和展示自我等。自媒体工具个性化的特点非常符合当代大学生成长的年龄段特点，他们有自己独特的喜好，自媒体可以提供丰富多样的选择。他们个性张扬，期望得到他人的认可是他们内心的需求，自媒体具有交互性强的特点，他们通过评论观点、转发信息等来满足自己心理对互动交往的需要。自媒体信息的传播可以随时随地进行，非常灵活，对应地，获取自媒体的信息也可以做到随时随地进行，当代大学生尤其会利用"碎片化"的时间阅读自媒体内容。自媒体也具有传播信息速度快的特点，当代大学生在日常行为中，比较推崇"快"文化，符合他们青春时尚、接受新事物快的年龄特点。

第二，关注自媒体公众号的多元化。大学生在选择关注公众号时，受其内容和类型影响较大。其中，比较受欢迎的分别是：读书及文化知识学习类、新闻媒体类、休闲娱乐类、自媒体大 V 类和专业机构类。由此可见，学生在使用新媒体时更倾向于选择在知识和资讯上对自己有所帮助和提高的平台。自媒体发布信息的源头复杂多样，发布信息具有极强的随意性，导致信息质量良莠不齐，很多消极的、反面的信息也会传播出去，这对大学生价值观的形成构成了挑战。

第三，推崇自媒体符合"后叛逆"特征。自媒体的产生源于互联网技术的发展，自媒体具有"平等对话、信息共享、多元互动、网状传播、及时交流等优势"①。传播和分享信息及时便捷、自由交流，当代大学生具有典型的"后叛逆"时期的特征，对于权威不唯从，不喜欢"讲大道理"式的被教育，对于灌输式教育有逆反心理，导致他们对于传统的媒体形式，以及正统的媒体内容产生了不信任感，希望从所谓的没有权威的普通人发布的信息那里获得信息的真实感。当下，很多

---

① 杜昀. 自媒体对大学生交往行为与方式的影响及对策 [J]. 高校辅导员，2015.10 (4)：61.

官方媒体都有自己的公众号，用来发布信息，这就是对这种趋势的一种迎合。在自媒体盛行的当代，大学生不仅是信息的接收者，他们同时也是信息的发布者，这与传统媒体的传播方式有本质的区别，大学生在信息传播过程中扮演的角色发生了变化。通过自媒体发布的信息，是当代大学生传播的自己对事物的看法和思想，经过自己"圈里"朋友们的转发和点赞，一定程度上起到了加速传播的作用。受访者普遍认为，当代大学生网络行为规律比较典型的一点就是对自媒体的推崇。自媒体工具传播信息速度快、话语模式简单易懂、传播形式灵活等特点，非常迎合当代大学生的需求。从学生工作的角度来看，要有效利用自媒体工具的特点，提升利用自媒体工具进行日常思想政治教育的能力和水平，有针对性地提升当代大学生对思想政治教育的接受度，这也能看出当代大学生推崇自媒体的特征。

（五）使用网络目的多样性

大学生的网络目的呈多样化，是社交、学习、娱乐、生活等多种目的的混合，总体呈现上网目的娱乐化倾向。大学生正处于人生发展的"拔节期"，思想尚未成熟，自控能力较差，在信息爆炸的网络虚拟世界，极易产生思想混乱、认知模糊的现象。

第一，虚拟社交。当代大学生多为独生子女，他们的许多社交都依托虚拟网络进行。他们发现在社交平台上，他人不一定能接受自己的观点，同时，虚拟社交使得打造形象的难度大大降低，他们逐渐形成较强的网络形象管理意识。他们根据对象的不同展示不同的自己的形象。此外，不断发展的虚拟网络技术为人们提供全新的感官刺激，导致部分当代大学生不能在网络行为与客观行为之间形成有效区分。

第二，追求虚拟满足。当代大学生存在借助网络逃避现实的现象。

对个人而言，现在的大学生并不是没有目标去努力，只不过是在努力的路上有太多让人沉迷的东西了，网络就是这条路上最让他们沉迷的东西。在网络虚拟的环境中，他们追求虚无缥缈的自我满足感，满足自己的虚荣心，处在这样舒服的环境中，他们感觉也是个不错的选择，那自己又何必辛苦学习呢？于是他们就渐渐平庸下来，少了许多父辈具有的艰苦奋斗、脚踏实地的精神。

第三，虚拟世界心理成熟的假象。网络参与因其对网络的使用、认知、参与、评判的能力与方式、方法的不同而不同。当代大学生多为独生子女，他们受到父母的过度"呵护"，也背负了父母过多的期望，使他们极易产生抗压能力弱、害怕失败等心理问题，同时，由于知识结构不完备、涉世未深、年轻气盛等原因，部分学生对网络上纷杂的内容缺乏理性思考和科学判断，缺乏自主解决问题的意识和能力。为了显示自己已经是大人，不需要别人的管教，他们寻求在虚拟世界展示自己成熟的状态，追求一种虚拟的自我安慰感。当代大学生的网络行为具有双面性，与现实生活中的个人形象存在差异。

二、网络虚拟环境下当代大学生成长的规律

(一) 网络化生存规律

网络化生存就是指在生活中随时随地都离不开互联网的一种生存方式。从当代大学生在网络虚拟环境下的成长特征，非常明显地就可以总结出当代大学生在网络时代具有的成长规律，即网络化生存规律。

第一，生活智能化。科技的发展带来了智能化时代，从通过互联网作为媒介连接各方面信息的"网络时代"，到结合移动通信与互联网基于用户关系的内容生产与交换用移动端连接互联网的"移动互联网与

社交媒体时代",当代大学生的生活实现了智能化。从网上购物到网上出行,从电子身份信息到二维码支付,当代大学生实现了"怀揣手机,走遍天下"。当代大学生生存的智能化主要体现在互联网络带来的快速便捷性上,他们利用互联网络进行即时通信、社交,进行网络视频、网络直播和网络学习;观看短视频、网络新闻、网络漫画和网络文学;聆听网络音乐、网络音频等,总之,自己生活的方方面面都实现了智能化,都和互联网络有关。

第二,网络依赖化与自律性差矛盾共存。当代大学生对网络具有迷恋性和依赖性。网络不仅使人们的生活更加便捷,其多元的娱乐方式对当代大学生而言也极具吸引力,甚至他们主要使用网络的娱乐功能,学习功能反而退居第二位,形成对网络的高度依赖。对当代大学生来说,可能打网游、聊微信、刷朋友圈、看剧、逛淘宝、玩抖音是每天必做的"功课"。不仅每天使用网络的娱乐功能,他们的网络自律性也较低,"沉迷网络"是不少当代大学生的真实写照,甚至部分大学生因长时间上网耽误了学习和休息,正常生活节奏也被打乱了,看剧、关注娱乐新闻、打游戏是学生网络生活的主要内容。

第三,移动端设备普及化。PC端(计算机)设备作为一种网络终端设备,虽然具有屏幕大、操作方便等优点,但是由于移动端(手机、平板等)设备携带更为便捷,且信息量大,具有实时性,能够充分利用碎片化时间上网,不仅在大学生这个群体中利用率更高,也已经成为人们每天必不可少的使用工具。移动端设备的普及化,催生了"低头一族"的大量产生。随着智能手机性能的提升及移动互联网的发展,手机也成为大学生上网的首选终端设备,当代大学生全员成为"低头一族"。手机及电子阅读器这类阅读渠道,由于其便携性,方便大学生可以随时随地进行阅读。如今碎片化、移动化阅读渐渐成为大众阅读习惯，大学生更是机不离手，现在，上课的时候大部分教师强调的第一件事就是将手机收起来。

第四，自我认知虚拟化。当代大学生网络行为开放性强，情感表达外向，是对现实世界情感压抑的一种宣泄。自我认识的危机，把对自己的认识，建立在他者对自己的评价上，比如对网络上的评价非常敏感。有学者认为，在网络等新媒体的影响下，当代大学生出现了"主体性危机"①，他们对自己身份的认同不是主要建立在客观地对自己的分析的基础上的，而是倾向于对网络等新媒体的依赖，这种依赖缺乏理性和客观的精神，很容易走向认识的反面和极端，从而产生很多消极的思想和心理问题。

第五，网络素养较低。当代大学生成长在一个全球化的时代，成长在一个文化多元的时代，各种思潮的涌入对他们产生了较大的影响，加上互联网络的发展，加速了一些思潮对当代大学生思想的冲击。互联网络具有的虚拟化，增加了一些大学生在虚拟世界不讲规则的"胆量"，认为自己在虚拟世界的言行别人是看不见的，违规的成本是很低的，加之他们的心智还没有完全成熟，网络信息筛选能力较差，自控能力也很差，就导致他们在网络上的素养整体呈现较低水平。当代大学生由于阅历较浅，缺少理性思维习惯，缺乏对网络平台推送内容的深度思考，养成从众心理和惰性思维等陋习。部分大学生法律道德责任意识淡薄，时有在网络上传播谣言、恶意攻击他人等行为发生。

---

① 孙晓蓓. 从网红文化看青少年的主体危机 [J]. 青年记者，2017（14）：8-9.

第二节 网络亚文化环境下当代大学生成长的
特征及规律

网络亚文化有别于网络主流文化，它是体现着独特的审美观和价值观的网络流行文化，典型特征是具有极强的渗透力和影响力。网络亚文化对当代大学生的思想意识、价值观念和行为方式有着极为深刻的影响。

一、网络亚文化环境下当代大学生成长的特征

随着互联网技术的发展，网络亚文化逐渐成为主流文化发挥作用的有益补充。网络亚文化对当代大学生的影响有积极的方面，也有消极的方面，主要体现在它对当代大学生思想和行为的影响方面。

（一）崇尚"快"文化

改革开放以来，"快"已经成为社会各个领域发展速度的代名词。"快"已经普遍存在于人们的潜意识，人们自觉不自觉地都在让自己"快"起来。"快"文化对当代大学生的影响较大，他们注重"快"这个效率的同时，较多时候忽略了"实"这个质量的重要性。

第一，互联网是"快"文化的源头。生产力决定生产关系，当代社会生产力水平的提高、科学技术的发展，改变了人们做事所采取的方法和形式。网络技术特别是互联网技术的迅猛发展，给人们的生活插上了翅膀，给生活的节奏提高了速度。互联网技术及移动端互联设备的普及给快节奏的生活奠定了工具基础，当代大学生朝气蓬勃、充满活力，

接受新事物快，在潜移默化中，接受和适应了这种快节奏的生活方式；当代大学生与人的交流主要是在虚拟的网络世界进行，这种交流方式，规避了传统交流方式的弊端，可以不受时间和地域限制，随时随地进行，成了他们交流的主要形式，减少了实际交往的频率；宏观环境的"快"，也是当代大学生崇尚"快"文化的重要影响因素。随着人们生活水平的越来越高，对生活方式的快节奏的反思也是越来越多。

第二，"快"文化对当代大学生日常行为的影响。当代大学生日常行为的方方面面无不崇尚"快"的速度。首先，虚拟交往快餐化趋势明显。互联网技术的发展，虚拟交往的增多，淡化了当代大学生现实中的交往，"造成大学生人际交流快餐化，产生人情淡漠的现象"①。其次，实际生活追求快速度。他们希望学习立竿见影，虽然明白有所付出才会有所收获的道理，但他们还是忽视学习的过程和质量，追求形式上的效率和高分数；吃喝叫外卖，追求速度，有的学生吃喝不去食堂，直接去二十四小时便利店，用快餐解决；出行方式是共享单车+共享汽车+公共交通工具，真正实现"一机在手，出行无忧"；购物以网购为主；等等。

（二）"宅"文化盛行

伴随着移动通信工具、计算机和互联网成长起来的当代大学生越来越喜欢"宅"，沉迷在自己的世界中。因此，也可以说，互联网也是"宅"文化的源头。对电影、动漫、电子游戏和网络直播等娱乐内容的需求是当代大学生产生"宅"文化的内在动力，而互联网技术的发达，加之因互联网技术而产生的外卖、快递和网购等行业的发展，是当代大

---

① 杜昀. 自媒体对大学生交往行为与方式的影响及对策［J］. 高校辅导员，2015.10（4）：63.

学生"宅"文化产生的外在影响因素。

第一,"宅"文化对当代大学生日常行为的影响。当代大学生的心智还没有完全成熟,人生观、价值观尚未完全成形。有些大学生为了逃避现实,在虚拟世界寻找安慰和认可,在网络行为方面,"宅"起来的他们会更加大胆,披上网络的"马甲"之后他们会更加敢于展现自己,敢于发表自己的想法和见解,但是在日常生活中又显得有些拘谨和闭塞。有些人认为,受"宅"文化影响的"宅"人群,是为了逃避现实社会的压力。在这个方面讲,"宅"文化实质上就是"懒虫文化"。有些大学生为了逃课,"宅"在宿舍,沉迷于电子游戏、网络娱乐等,吃饭叫外卖、购物在网上,"宅"的程度越深,对他们健康成长的影响越大,导致他们的生活很不规律。

第二,"宅"文化是不自信的表现。当代大学生对面对面的交往产生一定的畏惧感,"宅"起来进行自我封闭,在网络等虚拟世界中,他们得到交往的满足感和安全感。规避现实世界的各种困难,选择逃避,"宅"起来自我封闭是当代有些大学生参与社会实践不自信的表现。在现实世界的不自信往往会"宅"起来在虚拟世界寻找"补偿","宅"起来有自我安慰的原因;在现实世界很胆小的大学生,往往"宅"起来,在虚拟世界表现得很"勇敢",虚拟的网络世界具有非直接责任性的特征,网络行为往往比现实世界更加"大胆"。

(三) 对网红文化的追捧

网红文化实质上是网络文化的一部分,属于亚文化的一种。对于当代大学生的思想、行为、认知、心理的影响都是比较大的。网红文化统称为社会认知,属于社会意识范畴,对于大学生的主体影响体现在对他们社会实践的影响上。"网红"内容对当代大学生的价值观影响比较大，一分为二地看，一方面，"网红"文化的绝大多数内容为比较消极的内容，比如，对一些明星的追捧、对一些另类人群的追捧等。另一方面，顺势而为利用"网红"文化，将一些具有正面的、主流的价值观的人"捧红"，发挥他们对当代大学生的价值观影响作用。

当代大学生是互联网时代下青年学生的代表，他们的大学阶段是思想政治教育的黄金时期、关键节点。与未成年的中小学生相比，大学生在网络上发表的观点和内容具有更大的社会影响力和价值导向。因此，学校和教育者需重视互联网的发展趋势，正确看待大学生的网络思想行为，以其为出发点，充分发掘新媒体的功能作用，以"网络思想政治教育"的新模式应对挑战，落实高校立德树人的根本任务。

二、网络亚文化环境下当代大学生成长的规律

网络亚文化环境下，当代大学生的"社群"属性增强，会自我"标签化"，会以某种时髦言行作为自己交往"社群"的标签。网络时代当代大学生的"社群"行为对他们的行为产生了较大影响。

当代大学生是与网络同生共长的一代，在现实世界的交往受到了网络世界的很大影响。自媒体等新媒体工具的广泛使用，在具有相对较宽边界的信息传播的过程中，各种文化、思潮对当代大学生的思想影响较大，思想认识的变化会引起行为的不同反应，这种影响主要体现在当代大学生的消费行为、交往行为、情感行为、文化行为、生活态度、审美眼光和心理等方面。

第一，追逐流行。成长环境的不同会引起人的行为有不同的反应，长期具有的某种行为就会影响并促使人形成与之相适应的思想认识。当代大学生的日常行为容易受周围成长环境的影响，交往虚拟化的环境是影响当代大学生成长的主要环境之一。虚拟网络世界信息大爆炸，信息传播的速度非常快，当代大学生很容易受这些信息和文化的影响，追逐所谓的"流行"和"时髦"，实质上是他们的虚荣心作祟，寻求自我安慰。语言方面受网络术语的影响，当代大学生使用网络术语较多，被他们视为一种流行，他们使用时髦的网络术语，在朋友中刷自己的存在感。

第二，行为的个体化（个性化）。网络改变了学习、交往和生活习惯，原子式个体现象较为突出。在网络世界的交流，不需要太多的掩饰，因为彼此没法看见对方，这种虚拟交往的增多，势必减少现实交往行为的发生。有些大学生沉迷于网络世界，逃避现实，独来独往，不主动与人交流，行为呈现个体化趋势。网络对日常行为的引导，也导致部分当代大学生看待事物总是"眼皮子很浅"，看不见现在所做的一切对未来的影响，选择当下满足自己的"欲望"，比如熬夜通宵打游戏或是聚餐喝酒等，他们没有认真思考和规划自己的职业和未来。

第六章　遵循当代大学生成长规律的路径

在当代大学生成长的过程中，如何利用成长规律对他们的成长趋向做出前置性的判断，提前采取针对性的教育策略，是研究当代大学生成长规律的主要目的；如何利用成长规律促进他们的成长、成才，降低环境对他们成长的负面影响，是当代社会面临的一个现实问题；如何利用成长规律在促进他们成长的同时，实现成长到成才，再到成熟的提升，实现高质量的、健康的成长，是教育主体主要应该思考的问题。遵循当代大学生成长规律，促进他们成长、成才，既是高校思想政治工作者的目标与任务，也是国家、社会和家庭的期望。为了实现这一目标与任务，广大高校教育者只有根据当代大学生的成长规律，采取适当的教育方法和措施，才能不断地提升高校思想政治工作的能力和水平，进而取得应有的效果。

第一节　遵循当代大学生心理成长规律的路径

一、尊重大学生的自我意识

当代大学生心理成长的核心词是"自",自己、自我、自信、自卑、自负等,"自"体现了他们的主体性。心理的成长是以自我为中心的,是"自己"的大脑对客观世界的反映。正确和谐统一的自我认知是当代大学生心理走向成熟的标志,在实际工作中,教育者要引导大学生形成正确的自我认知。

第一,顺势而为充分信任当代大学生。当代大学生自我意识强,给高校思想政治工作带来了机遇。作为教育者应该主动去认知大学生较强的自我意识,主动去认可他们的这种"被需要",主动给他们压担子,引导他们将自我个体的需要与国家和民族的需要统一起来,自觉地将实现个人理想与国家发展结合起来。高校思想政治工作中的教育者应该充分信任当代大学生,不应以怀疑的态度或不信任的态度看待当代大学生;应给予他们足够的信任,只有互相信任才能顺势引导,将他们自我意识强的特点转化到积极主动担当社会责任、认真学习科学文化知识、主动传承民族传统优秀文化的行为上来。①

第二,积极作为精准施策。当代大学生自我意识强,也给高校思想政治工作带来了挑战。这种挑战从宏观意义上来讲,是传统的教育者与受教育者之间矛盾的体现。作为受教育主体的当代大学生,具备较强的

---

① 林伯海,张军琪. 当代大学生成长规律探究 [J]. 思想教育研究,2017(8):47.

自我意识，自认为自己的思想、看法、行为是正确的，较少考虑大局和宏观层面的东西，这无疑给高校思想政治工作带来了挑战。这就要求高校思想政治工作必须始终秉持以人为本的教育理念，开展工作更加灵活，从实际情况出发，尊重当代大学生的主体性，在尊重当代大学生共性特征的基础上尊重他们的差异性，以每个大学生的自我特点为工作出发点，采用民主的、平等的和协商的工作方法，有针对性和目的性地开展高校思想政治工作。

第三，引导教育大学生树立正确的自信心。当代大学生的"自"首先表现在自信方面，包括：对自己的"自信"、对他人的信任、对成长环境的自信等。对一个"自我"的大学生来讲，不自信就会划入自卑的心理状态，过分自信又会走向自负的心理状态，只有一定程度范围之内的自信，才是恰到好处的自信，才是良好心理状态的体现，才能给自己的生活和学习助力添劲。在思想政治教育的过程中，要引导大学生树立正确的自信心，正确对待身边的人和事，正确对待成长环境，面对逆境和困难时不要自卑，面对顺境和胜利时不要自负。

第四，引导教育大学生树立正确的自我意识。当代大学生受教育的过程，就是自我意识逐渐强烈的过程，自我意识建立的过程，包括自我选择、自我评价、自我改造、自我修养等。正确的自我教育才能树立正确的自我意识，教育者要引导教育当代大学生掌握正确的方法论，掌握"自我教育的主动权，自觉形成对客观世界的正确思想认识，推动对客观世界的改造，具有根本的作用"①。正确的自我意识包括正确的自我认识、正确的自我评价、正确的自我选择以及正确的自我调控，这也是教育者引导教育大学生树立正确自我意识的工作着力点。

---

① 《思想政治教育学原理》编写组.思想政治教育学原理［M］.北京：高等教育出版社，2016：41.

第五，引导教育大学生正确认识"理想自我"与"现实自我"。正确的自我认知首先就要正确认识"理想自我"和"现实自我"，"理想自我"在认识上往往是饱满的，是理想化的，更多的是感性认识的成分；"现实自我"往往和"理想自我"有不小的差距，这个差距越大，大学生的心理状态就会越差，反之亦然。在实际工作中，教育者要重点引导教育大学生正确认识这两者之间的"差距"，正确认识自我，合理期待未来，并且给出缩小这种差距的一些建议，使大学生对于这两者的认识更加理性。

二、助力大学生认知能力的发展

大学生的认知活动是他们对外界信息进行加工的过程，大学生的认知能力就是他们对外界信息进行加工的能力。认知能力的水平关系到大学生成长的各个方面，是大学生成长、成才过程中重要的能力之一。

第一，引导教育大学生树立正确的批判意识。当代大学生思维活跃，具有"后叛逆"时期的特征，天然地具有批判意识。这种批判意识是对他们接触到的"人"和"事"都会有的，客观上带有一定的盲目性。教育者在教育的过程中，不要绝对地、简单粗暴地反对大学生的批判意识，而是要教育引导他们在科学精神的指导下进行批判，批判是为了更好地弄清楚"为什么"，而不是为了标新立异、哗众取宠的盲目批判。

第二，引导教育大学生树立正确的学习意识。认知包括知觉、记忆、学习、言语、思维和问题解决等过程，大学生的认知能力主要是他们对信息提取、加工、储存和运用的能力。大学生最主要的任务就是学习，学习能力是认知能力的基础。大学生结束高中阶段的高强度的应试教育，进入大学开始综合性的素质教育，对于学习方式方法有一个适应的过程，这种适应过程随着年级的增高呈"V"形走势。教育者要在大学生一入学就对他们进行大学学习方法的教育和引导，教会他们正确的学习方式，使他们尽快适应大学的学习环境。建立科学的"获取知识信息—加工知识信息—运用知识信息"的认知能力运用过程。

第三，引导教育大学生树立正确的责任意识。认知能力是从获取信息到加工认识信息，再到运用信息的过程。在这个过程中，教育者要引导教育大学生树立正确的责任意识。大学生作为国家未来建设的主力军，他们的认知能力体现的是社会主流的认知能力，影响面比较大，是国家、社会和家庭都在关注的能力。责任意识首先体现在担当上，在日常思想政治教育中，要加强担当精神的教育，要让大学生将自己的人生理想与社会进步、国家的发展结合起来，实现个人梦与中国梦的有机统一。责任意识也体现在奉献上，在日常教育中要加强对大学生奉献意识的教育，教育引导他们在奉献中实现个人理想。

第二节　遵循当代大学生思想品德成长规律的路径

一、促进内化与外化的统一

当代大学生作为受教育的主体，是"活生生的具有个性特征的人，他们对待教育者的影响并非被动吸取、亦步亦趋，他们有自己的主观意愿、感受理解，并会采取对策、做出选择，即使他们乐意接受的，也要经过他们的理解、认同、运用、改进和自我努力才能内化为他们的智能、情操，才能促进他们的个性自由全面地发展。"①

第一，要抓好内化这个关键环节。内化是高校思想政治工作能否取得成效的"第一步"。做好内化环节的关键就是变灌输式教育为疏导式教育，或者少灌输式教育，多疏导式教育。要将"疏"和"导"作为教育的主要方式和前提，在这个过程中"润物细无声"地将主流意识形态和社会主义核心价值观灌输给当代大学生，效果要比直接进行"粗放式"灌输教育好得多。高校思想政治工作者做工作的目标就是要引起当代大学生对内化的迫切需求，让他们主动进行自我内化，而非外界进行的灌输式内化。

第二，要搭建外化的实践平台。外化是内化效果的体现，是高校思想政治工作能否取得成效的"第二步"。内化的成果及时通过外化体现出来，进而对当代大学生产生更长远、更深刻、更有效的影响力。但"巧妇难为无米之炊"，内化要转化为外化，通常需要搭建实践平台，借助于实践的中介才能顺利实现。因此，外化平台的搭建就具有必要性和迫切性。目前，高校搭建外化平台可行有效的方式有第二课堂的建设、学生社团活动、"三下乡"社会实践活动、社会志愿服务活动、科技竞赛、创新创业平台建设等。它们都有助于实现高校思想政治教育从内化到外化的转变。②

二、注重思想与行为的同一

正确的思想是正确行为的前提，当代大学生面对事物首先是进行思考，有了思考进而形成正确的意识，才能以正确的意识指导自己的行为，进而在实践中产生正确的行为。

① 王道俊，郭文安. 教育学（第七版）［M］. 北京：人民教育出版社：2016：3.
② 林伯海，张军琪. 当代大学生成长规律探究［J］. 思想教育研究，2017（8）：46.

第一，要注重思想的引领。要以理想信念教育为核心，引导当代大学生正确处理个人理想与共同理想、现实理想与远大理想的关系。习近平总书记指出："没有理想信念，理想信念不坚定，精神上就会'缺钙'，就会得'软骨病'。"① 树立坚定走中国特色社会主义道路的理想，就是当代大学生精神上的"钙"，只有不缺这样的"钙"，在社会活动中，当代大学生才能主动践行社会主义核心价值观。对于如何对当代大学生进行理想信念教育，奠定当代大学生的思想基础，习近平总书记给我们指明了方向。他说："要坚持不懈传播马克思主义科学理论，抓好马克思主义理论教育，为学生一生成长奠定科学的思想基础。要坚持不懈培育和弘扬社会主义核心价值观，引导广大师生做社会主义核心价值观的坚定信仰者、积极传播者、模范践行者。"②

第二，要注重行为的示范。俗话说得好，"行胜于言"。大学生思想政治教育，就是要将理论与实践教育深层次融入当代大学生的学习、生活和就业等实际问题中去。通过看得见的身边人、身边事等进行榜样教育，尤其要重视朋辈教育，这样才能使社会主义核心价值观体现在现实生活中，才能真正做到入耳、入脑、入心。习近平指出："一种价值观要真正发挥作用，必须融入社会生活，让人们在实践中感知它、领悟它。"只有通过对这些实实在在的"客观存在"的感知和领悟，才能使当代大学生形成积极、健康、向上的思想意识。这样的思想意识才能产生和指导正确的行为，进而形成健康向上的精神风貌，使思想与行为的同一规律得到彰显。③

---

① 中共中央党史和文献研究室. 习近平关于全面从严治党论述摘编 [M]. 北京：中央文献出版社，2016：57.

② 习近平在全国高校思想政治工作会议上强调：把思想政治工作贯穿教育教学全过程 开创我国高等教育事业发展新局面 [N]. 人民日报，2016-12-09.

③ 林伯海，张军琪. 当代大学生成长规律探究 [J]. 思想教育研究，2017（8）：47.

三、实现一元与多元的共存

在教育当代大学生的过程中，要树立"一元"主导的教育观念，始终坚持马克思主义主导价值取向。"一元"即马克思主义。坚持"一元主导"，首先要坚持马克思主义在高校意识形态领域的主导地位绝不动摇，必须用马克思主义中国化的最新理论成果来武装大学生头脑，从而使他们坚定走中国特色社会主义道路的决心，树立为实现共产主义而奋斗的崇高理想；使他们学会运用马克思主义的科学方法分析和看待各种文化思潮，增强理性思维和鉴别能力，自觉抵制各种腐朽文化和价值观的侵袭，实现"一元"与"多元"的共存。

第一，坚持马克思主义指导思想的一元化。大学生思想政治教育的文化自觉理念需要坚持马克思主义指导思想的一元化，但同时也不能否认文化多元化的现实存在，应该充分借鉴和吸收非主流文化中那些优秀的文化。高校思想政治理论课教学应挖掘文化内容，丰富教学内容。要提高思想政治理论课教师的文化素质、政治素质、职业素质、国际意识、思想境界和文化品位，发挥他们对学生的榜样示范作用。教师要充分认识并理解社会主流文化，积极教育引导大学生客观认识西方文化价值观的历史性和相对性，挖掘传统文化的优秀基因。将传统文化资源融入思想政治理论课教学中，不仅能够强化大学生的责任感、文化认同感，增强民族自信心、自豪感，克服"文化自卑感"，也能够引导大学生正确对待异质文化。只有具备文化自觉意识，才能自觉抵制不良文化价值观的侵蚀和影响。高校应培养、塑造大学生的人文素养和民族精神，促进社会和谐、稳定、有序地发展。

第二，教育引导大学生树立正确的思想文化观。教育者应当在对多元内容的分析辨别中帮助、引导大学生拓宽思路，提高大学生的判断能力，在比照中认识社会主义文化的优越性，确立社会主义文化的历史地位。由于大学生知识技能与社会阅历尚为缺乏，不善于辨别善恶是非，因此教育者在发挥大学生主动性和创造性的同时，应帮助其树立正确的思想文化观。所以，在多元文化背景下，我们应该以开放的心态对待非主流文化，要正确处理好中国文化和外来文化、传统文化与现代文化的关系，既不能盲目接受，也不能一概拒绝，而要取其精华，去其糟粕，古今相融，中西结合，不断丰富中国特色社会主义文化的精神内涵，丰富思想政治教育的内容，增强其吸引力和感召力。

第三，加强理想信念教育。习近平总书记在不同场合多次强调了开展理想信念教育的重要性。理想指引当代大学生的人生方向，信念决定他们的事业成败。一个人如果没有理想信念，精神上就会"缺钙"。理想信念为大学生提供奋斗的目标和克服困难的坚强意志，是通达成功的主观条件。"青年的价值取向决定了未来整个社会的价值取向，而青年又处在价值观形成和确立的时期，抓好这一时期的价值观养成十分重要。这就像穿衣服扣扣子一样，如果第一粒扣子扣错了，剩余的扣子都会扣错。人生的扣子从一开始就要扣好。"[①] 习近平总书记指出，中国梦是民族梦，是每个中国人的梦。广大大学生是建设社会主义事业的生力军，是为实现中国梦的伟大理想而添砖加瓦的"梦之队"成员。中国梦的实现，需要包括大学生在内的每个中国人的积极支持和辛勤奋斗。正确处理梦想与现实的辩证关系，脚踏实地，努力拼搏。习近平总书记指出，空谈误国，实干兴邦。实现振兴中华的中国梦，需要每个中国人从我做起，从现在做起。梦想与现实是有机统一的：现实只有在合理的梦想的指引下才会逐步走向完满；而梦想只有植根于现实，才能发

---

① 习近平. 青年要自觉践行社会主义核心价值观——在北京大学师生座谈会上的讲话 [N].
人民日报，2014-5-5.

挥梦想的导引作用。脱离现实和实践的梦想只能是异想天开和黄粱一梦。只有将梦想建立在尊重实际、尊重规律、关爱他人和服务社会的基础上，然后经过每个人的努力奋斗和顽强拼搏，梦想才能真正变为现实。

第四，重视信仰教育。精神家园是人的终极关怀，"所谓精神家园也便是人所确信不移的精神努力目标，是人的终极关怀，是被人认作自己生存之根本的精神理想。"① 人有自己的精神家园即指人有他自己所确信不移的精神努力的目标。在生活科技化时代条件下，物欲的膨胀严重破坏了生态平衡，科技的不恰当应用导致一系列严重问题和后果，进而衍生出的是现代人日益强烈的失落感、孤独感、空虚感、灵与肉的分裂，使人们越来越期盼精神家园。人类面临的这种精神危机实质上是一种信仰危机。因此，需要在思想政治教育中加强信仰教育，帮助大学生克服信仰危机，"时代给当代道德教育的课题其实是道德教育的真正完成——它需要同信仰教育的实现联系起来。"② 信仰本质上是个体内心的确信，它从终极关怀上指导人类的精神世界，在终极价值目标上给人提供一种内在的动力，像人的灵魂一样永恒地伴随着人而存在，使人"诗意地栖居在大地之上"；信仰同时是理想超越性与现实性的统一，其现实性决定了人们必须理解和肯定自身的现实关系，其理想超越性则要求人们必须在肯定现实关系的同时否定现实。加强信仰教育，引导大学生坚定信服和追求体现人类最高价值和最深刻意义的某种目标，有利于其在生活中关注生命、提升精神，寻找并确定自己的信仰，并学会用信仰来丰富自己的生活。

第五，注重价值观整合。文化的核心是价值观。多元文化背景下，

---

① 檀传宝. 信仰教育与道德教育 [M]. 北京：教育科学出版社，1999：22.
② 檀传宝. 信仰教育与道德教育 [M]. 北京：教育科学出版社，1999：31.

加强大学生思想政治教育最重要的任务是增强大学生对主流文化的认同，树立文化自觉和文化自信意识，坚持科学的价值观。高校自身价值观的整合就是一个多层次的价值建构工作，它既包括个体价值观的趋同，也包括个体与组织价值观的统一。高校就是一个小社会，大学生来自五湖四海，来自不同的民族和家庭，他们思想活跃、激进，精神境界、思想动态和价值需求也各不相同，他们不会因为自己的价值理想与主流价值观不符就放弃自己的追求。因此，在高校中进行价值整合必须充分了解处于不同思想层次的学生的需求，以开放、包容的姿态引导大学生的价值追求。

第六，正确认识主流文化与亚文化。主流文化包括传统文化、意识形态文化和西方文化中被实践检验的，由绝大多数人认可的文化混合体。亚文化是与主流文化相对应的那些非主流的、局部的文化现象，属于某一区域或某个集体所特有的观念和生活方式。亚文化是小规模团体直接互动的结果，它是直接作用和影响人们生存的社会心理环境，其影响力往往比主流文化更大，它能赋予人一种可以辨别的身份和属于某一群体或集体的特殊精神风貌和气质。主流文化与亚文化分别处于文化的中心和边缘，势必存在着一定的冲突和对抗。随着文化多元格局的形成、社会的分化，以及人们日益的宽容和开放，由于阶级、阶层等原因形成的亚文化获得了较之过去更加广泛的活动自由和开展空间。大学生思想政治教育必须教育和引导大学生正确认识主流文化和亚文化。主流文化必须以开放包容的态度、博大的胸怀对待亚文化，将亚文化引导到健康的轨道之上，逐渐形成和谐的关系。

第三节　遵循当代大学生日常行为成长规律的路径

一、提高教育者的学术威信与人格威信

教育者一般具有学术威信、人格威信、传承威信和制度威信等。在这些"威信"中，当代大学生最为信服的是教育者的学术威信和人格威信。

第一，在"以德为先"的前提下，建设好一支学术威信高的教育者队伍。高校教育者的学术与科技水平和知识涵养高是"授业"和"解惑"的主要前提和保证条件，但高校的教育者不仅要做好"授业"和"解惑"，更要做好"传道"。传道是传授、教育道德观念的意思，就是"思想教育"。如果没有好的"传道"，再成功的"授业"和"解惑"都是无本之木、无源之水。对于高校教育者来说，应该实现学术威信和人格威信的高度统一。著名教育家竺可桢曾经说过："教者传授知识也，育者培养思想品德也，教中有育，育中有教。"在高校，不管是自然科学抑或人文社会学科，它们都应遵循"教中有育，育中有教"的原则。为此，我们亟待着力打造一支集"学术威信高的学者+人格威信高的教育者+主流意识形态的认可者+社会主义核心价值观的实践者"为一体的高校教育者队伍。

第二，在思想政治工作中重视当代大学生服从人格威信的规律。驯服老鹰是一件极其艰难的事情，但如果驯服的方法得当，老鹰"服"了以后，它就会绝对服从驯服者的权威。当代大学生是鹰服人格威信的一代，这里所说的"鹰服"是特指对有人格魅力、高尚品德和较高威

望的人讲的道理牢牢记住、绝对服从的意思。因此，高校教育者的人格威信至关重要，应该着重提升以人品和威望为主的人格威信，要以高尚的人格魅力吸引当代大学生的尊重与遵从，要将主流意识形态在人格威信高的教育者身上体现出来，吸引当代大学生主动去学习、模仿和践行。[①]

第三，提升授课教师的知识威信和人格威信。当代大学生获取知识的途径十分丰富，与传统意义上的课堂关系相比，当代课堂上教育者的威信已经淡化，有时学生所掌握的知识信息可能比教育者所掌握的都要多、要快，这就要求教育者必须提高自己的知识涵养量，与时俱进地传授知识，提高自己的知识威信。人格魅力高的教育者受大学生的普遍欢迎，教育者的知识威信和人格威信是吸引大学生来到课堂认真学习的主要因素。因此，在教育和学习的过程中，教育者提升自身的知识威信和人格威信是十分必要的。

二、营造良好的成长环境

马克思认为，"所谓彻底，就是抓住事物的根本。但是，人的根本就是人本身"[②]。作为主体人对外界的反应，主体是自身，环境是外因，我们可以调整自身以适应主体人的发展，自身对主体人的发展起支配作用，环境对主体人的发展起影响作用，环境通过自身对主体人起影响作用。遵循当代大学生"内外因素相互作用影响成长规律"，就是要为他们的成长成才营造良好的环境。

第一，宏观上建设好学校教育环境。好的学校教育环境必然形成优良的校风，校风体现的是学校所有人员的精神风貌，包括教师的教风、

---

① 林伯海，张军琪. 当代大学生成长规律探究［J］. 思想教育研究，2017（8）：47.
② 《马克思恩格斯选集》第 1 卷［M］. 北京：人民出版社，1995：9.

行政人员的作风、学生的学风等。从校风、学风的角度来看，高校校园精神文化建设亟须优良校风学风的保证与支持。当前，高校纷纷强化校风、学风建设，且常常将其与学校发展规划相结合，这对于教学任务的完成、学生良好习惯的养成等均具有重要价值。但是，当前的校风、学风建设往往狭隘地定位在教学任务、考试秩序维护等层面，尚未从学校精神文化建设、学生理想信念生成等维度予以审视，导致"为校风、学风建设而建设"等现象普遍存在。

第二，微观上建设好朋辈学习群体环境。对当代大学生学习影响较大的就是其深处其中的朋辈学习环境，这种环境包括同学、老乡、高年级师兄师姐等学习群体所形成的学习环境。这些群体和当代大学生接触最多，成长环境相近，心理状况相似，最容易对他们产生影响和示范作用。因此，好的朋辈学习群体环境能促进大学生学习效果的明显提升。教育者要引导和鼓励大学生建立学业辅导朋辈互助团队，针对不同年级和阶段的学业上存在的共性问题，进行朋辈学业辅导，实现精准化、协同化的学业帮扶工作。互相激励、互相监督，实现团队和集体学业的共同进步。这种学习互助方式，对学业上存在困难的学生帮助比较大，对学习优秀的学生来讲，也是他们价值的体现，使他们体会到了在实际生活中帮助他人的快乐。最终形成互帮互助、你追我赶的良好的学习风气。

第三，重视课堂文化对大学生学习的影响。课堂文化建设滞后给学生带来诸多消极影响。当前，高校课堂文化建设工作中仍存在诸多不足，这既包括因学校课堂教学管理不善带来的消极影响，又包括因教师教学态度认真度不足引发的消极影响，还包括因学生自身因素而给课堂文化氛围营造带来的负面影响。实际上，作为学生知识学习、能力提升、价值塑造的重要途径，课堂教学状况，尤其是课堂文化样态对于学生的学习态度、精神面貌影响巨大，由此制约校园课堂文化育人作用的充分发挥①。

第四，校园行为文化育人价值的实现。校园行为文化育人价值的深度挖掘与充分发挥，必须有效清理行政、教师、学生等诸多领域行为文化失范现象②，由此需要实现弘扬正面行为文化与消解不良行为文化相统一，实现行为文化单一教育与复合教育相共振，从而为广大青年学生的健康成长营造良好的文化氛围。学校行政部门需要在管理育人的过程中，大力弘扬正面行为文化，实现管理育人与文化育人相统一；广大教师在课堂教学过程中则需要坚持育人为本、为人师表，为广大青年学生树立良好的行为示范；广大青年学生则需要在全校范围内自觉践行社会主义核心价值观，坚持以良好的行为文化指导自我，实现个人综合素养的全面提升。同时，学校行政部门、教师、学生在日常生活中要严格要求自己，规避不良行为的出现，则能够使行为文化的育人价值发挥"互化于环"的效果。实际上，校园行为文化育人价值的挖掘与发掘，单靠一种教育方式是难以完成的，而是需要在校园行为文化建设专项工作有效开展的基础上，从高校教书、科研、实践、管理、服务和组织等多个维度着手，实现行为文化育人合力的生成。

第五，引导培养大学生正确的消费观。在当代，物质主义、炫耀主义等消费观给大学生带来的负面影响比较大，而大学生的消费心理尚处于不成熟阶段，有必要加强对大学生的健康消费观的培养与塑造，用理性、人文和适度的消费理念引导大学生消费方式的变革，帮助他们树立以勤俭节约为荣、注重精神消费和绿色消费等现代消费观念，反对奢侈浪费、盲目攀比、过高消费、超前消费等不良消费风气。建设节约型校

---

① 李秀双．课堂文化的内涵、教育价值及建设途径［J］．教学与管理，2015（1）：7.
② 周华琼．行为文化：大学文化建设的关键［J］．上海理工大学学报，2013（2）：163.

园，把大学生良好消费心理和行为的培养作为校园文化建设的重要组成部分。应让大学生明白金钱的价值理性和负载意义，而这正是高校思想政治教育当仁不让的职责和义务。思想政治教育必须旗帜鲜明地反对"一切向钱看"的拜金主义。

三、建立和谐的师承与代际关系

"新生个体要从一个嫩弱无知的初生儿成长为能营谋社会生活的成员，即从一个生物人转化为一个社会人"[1]，就产生了对"教"与"育"的需求——教育的产生。教育作为代与代之间传授经验、生活习惯、思想道德、行为规范和组织秩序的中间媒介，是有经验的一代人对新生代群体的培育。教育是培养当代大学生成长的必不可少的社会活动。教育是通过改造当代大学生的主观世界进而让他们更好地改造客观世界的实践活动。因此，教育要想达到预期的目标，教育主体就应该了解受教育主体的本质，只有合规律性的教育才能取得事半功倍的效果。

第一，不要做"爱控制"的教育者。叛逆是当代大学生的重要标签，虽然他们的叛逆和基础教育阶段的叛逆不同，程度没有那么激烈，但"叛逆"是他们很重要的标签。"叛逆"对应的就是"控制"，在大学阶段，这个"控制"力来自父母和教育者。父母眼中永远无法长大的孩子、教育者事事关心的管理模式，是"无限责任"教育模式的体现。当代大学生身为一个独立人的愿望是非常强烈的，总觉得自己无所不能，什么都可以做并且可以做好。"叛逆"有两端，一端是控制欲较强的父母和教育者，具有极强的理想主义色彩；一端是"独立"愿望极其强烈的当代大学生，同样具有极强的理想主义色彩。这两端就是当

---

① 王道俊，郭文安. 教育学（第七版）[M]. 北京：人民教育出版社，2016：11.

代大学生"叛逆"产生的根源。父母和教育者凭自己的经验和经历教育大学生，而大学生却想着体验人生——这是一对矛盾，这对矛盾影响和决定着大学生成长的经历和体会。

第二，尊重当代大学生受教育主体的地位。教育关系中最重要的关系是教育者与受教育者，而不是主体与客体的关系，两者分别是教育主体和受教育主体，都处于教育关系中的主体地位。在教育过程中要充分尊重大学生的受教育主体地位，以民主、平等的方法开展教育工作，建立和谐互动的教育关系，充分实现教育的目的。和谐互动的教育关系是建立和谐师承关系和代际关系的基础。

第三，加强师德师风建设是建立和谐师承关系和代际关系的重要保障。当前，个别高校教师治教、治学失范现象明显，导致教师的教书育人价值未能得到充分发挥。比如，部分教师在课堂教学中未能对学生严格要求，反而为完成教学任务而追求师生间的"皆大欢喜"；部分研究生导师行为背离其"人生导师"的角色预定，或是实现由导师向"科研老板"的身份转变，或是师生间日益冷漠、不断疏远；部分教师治学行为失范严重，即在浮躁的社会环境中走向学术研究的急功近利，甚至是出现学术造假行为，等等。总之，当前部分高校教师治教、治学行为失范，导致原本应当发挥的育人作用未能充分发挥。

第四，增强父母言传与身教的力量。从身教的力量方面看，父母要做品行端正的示范者。父母的品行，是孩子描摹人生蓝图的范本，是父母家风的真实呈现。家庭教育最大的差距，是父母的品行格局。从言传的力量方面看，父母要做积极价值的传递者，克制无意识的负能量，用心传递正能量。

第五，重视家风在道德品质养成过程中的重要作用。一个真正优秀的大学生，除了修炼自己的知识和技能，更要修炼自己的精神内核。应该感受父母的付出，体会社会的冷暖，做一些力所能及的贡献；即使做不了什么，至少也要心存善念、心怀感恩。教育引导大学生要品与学兼而发展，品与学是人生的两条腿，只有两条腿都健康，大学生的人生路，才能走得精彩而稳当。思想家吕坤说：自私自利之心，是立人达人之障。自私自利的孩子，缺乏家国情怀、缺乏悲悯同情，他们越努力、越成功，对这个世界的伤害反而更大。如果说成绩决定孩子走得远不远，那么，品行则决定他走的方向对不对。若方向错了，走得越远，后果越严重。有句话说：无知识的道德很可怕，无道德的知识更可怕。成绩很重要，但绝不是人生的前提和唯一。拥有知识，却放纵自己的私欲，只会因其身居知识的高度和地位，给社会带来更大的杀伤力，给不如他的人带来更恶劣的示范力。因此，父母的教育引导是否正确，以及家风的好坏，都直接影响到当代大学生道德品质的"质量"，影响他们的健康成长。

第六，教育者人格要正。从访谈的结果来看，已经毕业的当代大学生，普遍认为对他们影响最大的就是为师者的人格魅力和人格力量。因此，教育者首先要有人格，有正的人格，对学生才有吸引力，实际中大学生才会亲其师者，进而才能信其道。教育者要有堂堂正正的人格，用高尚的人格感染学生，用真理的力量感召学生，以深厚的理论功底赢得学生，自觉做为学为人的表率，要有学识魅力，自觉修身修为，做让大学生真心喜爱的人。

四、激发大学生的探索与创新精神

高校思想政治工作的目标之一就是要积极引导并激发大学生的探索与创新精神。

第一，激发大学生的探索精神。探索是多方寻求答案和结果的过程，是研究未知事物的精神，是一种主动意识的体现。大学生的成长过程本身就是他们积极探索新知的过程。激发大学生的探索精神，是一个系统工程，高校要营造增强探索精神的环境和氛围，既要从意识层面让大学生接受探索的精神，了解现象背后的本质，抓住事物矛盾的主要方面，增强辨别是非的能力；又要增加实践教学的环节，实现理论与实践相结合、第一课堂与第二课堂相结合、教学与实验相结合等，鼓励大学生探索知识，增强动手能力。①

第二，激发大学生的创新精神。党的十八届五中全会指出："坚持创新发展，必须把创新摆在国家发展全局的核心位置，……让创新贯穿党和国家一切工作，让创新在全社会蔚然成风。"② 对高校思想政治工作来讲，要激发大学生的创新精神，就要将重点放在创新氛围的营造上，特别是要重视创新亚文化氛围的营造，比如在党支部、班级、课堂、园区、寝室和科研团队等以学生为主体的组织里面加强创新氛围的营造。要建立创业平台，鼓励大学生主动参与创新创业；同时，要引导当代大学生处理好创新与创业的关系：创业的前提是创新，在创新的基础上进行创业。

第四节　遵循网络时代当代大学生成长特殊规律的路径

一、提升大学生网络素养

当代大学生是与网络俱进的青年一代，其整体的网络素养水平深刻

---

① 林伯海，张军琪. 当代大学生成长规律探究 [J]. 思想教育研究，2017（8）：48.
② 《中国共产党第十八届中央委员会第五次全体会议公报》[N]. 人民日报，2015-10-30.

地影响着他们的思想和行为。因此，提升当代大学生的网络素养是全社会面临的重要课题。

第一，培养大学生网络行为的自控能力。自控能力差是当代大学生成长的主要特征之一，在他们身上自控能力差主要的外现形式就是网络行为自控能力差。实际中，大学生的生活已经离不开网络，生存基本网络化。首先，要教育引导大学生正确利用网络。把网络作为自己学习和生活的工具，作为对提升自己学习和生活便捷性的一种工具，不能过分依赖网络，本末倒置，将学习和生活作为网络的附庸。其次，要教育引导大学生提高网络鉴别力。网络信息良莠不齐，很多消极的信息会对心智尚未完全成熟的大学生产生负面影响。在实际中，教育者要将提高网络鉴别力作为日常教育的重点，结合思想政治教育开展相关活动。再次，要重视大学生社交的"圈群化"现状，建设好网络行为的朋辈教育环境。当代大学生生存网络化的典型特征之一就是社交的"圈群化"，朋友圈、朋友群在他们的生活中影响力较大。教育者要顺势引导，以风清气正的"圈"和"群"引导大学生的网络行为，真正实现"近朱者赤"的教育引导效果。

第二，强化大学生媒介素养教育。"媒介素养"（media literature），是指人们获取、分析、评价和传播各种媒介信息的能力以及使用各种媒介信息服务于个人的工作和生活的能力。[①] 强化大学生媒介素养教育，其核心是强化大学生批判性、建设性的媒介使用能力，其目的是使作为媒介受众的大学生由盲目的媒介消费者转变为理性的媒介使用者。学校教育是大学生媒介素养教育的主渠道，当前大学生媒介素养的学校教育相对滞后，因此要明确学校媒介教育的目标，选择合理的教育内容，加

---

① Potter W. J. *Argument for the Need for a Cognitive Theory of Media Literature* [J]. American Behavioral Scientist，2004（48）：266-272.

强教育队伍建设，选择合理的教育方法和路径是改进学校教育的主要措施。媒介素养教育的根本范畴和概念之一就是受众，那么大学生媒介素养教育的根本概念也应该是大学生。大学生的主体性和主体经验在媒介素质的提升过程中具有重要的意义，主要通过自我学习、自我修养和自我约束等途径表现出来。

二、引导大学生网络亚文化行为

网络亚文化对当代大学生的影响，既有积极的方面，也有消极的方面。在实际的教育过程中，要引导教育大学生提高鉴别力，降低网络亚文化对他们的消极影响。

第一，提升大学生网络道德判断能力。道德判断能力是道德主体根据一定的道德认识，对道德现象进行鉴别、评价，对道德问题进行分析、解决的行为和心理倾向，包括道德思维能力、道德评价能力、道德选择能力等。对于网络亚文化的影响，教育者要采取疏导的方式方法，通过提升当代大学生的网络道德判断能力，使他们对网络亚文化有理性全面的认识，降低消极影响；使个体能适应多变的网络世界，能超越知识的局限，能对复杂的网络世界出现的问题做出正确判断，这正是网络亚文化发展对思想政治教育提出的要求。只有这样，才能帮助大学生面对复杂多变的网络环境，协调不同的道德观念和自身的道德冲突，形成良好的道德判断能力，进而形成对网络亚文化的正确认识，在实践中表现出正确的网络亚文化行为。

第二，融入虚拟交往道德教育，完善大学生思想政治教育内容。随着虚拟交往的进一步发展，社会人际关系出现新方式、新变化，必然对当代大学生的人际关系产生重要影响，引起许多新的伦理道德问题。在思想政治教育中融入虚拟交往道德教育，确保良好的网络社会人际关系，加强对大学生网络交往的正确引导，建构与网络社会相适应的伦理道德规范，引导和规范大学生的虚拟交往行为，是完善当代高校思想政治教育内容的内在要求。为此，必须做到：提升大学生对虚拟交往的理性认识。虚拟交往为当代大学生提供了现实世界所达不到的自由和多元化程度。也正因为如此，网络世界中缺少传统媒介的社会价值观过滤功能，虽显得自由和多元化，但是如果没有良好的交流系统来促进使用者反思，这些思想带来更多的就是价值观的片面化和极端化，结果是非常受限制和单一的。因此，面对互联网时代的虚拟交往，高校思想政治教育应当注重提升大学生对虚拟交往的理性认识，即告诉他们虚拟交往不等于现实交往，网络世界不等于现实世界，提醒大学生应时刻自警。

做好高校思想政治工作必须遵循当代大学生的成长规律，按照习近平总书记在全国高校思想政治工作会议上的要求，因事而化、因时而进、因势而新。"因"就是遵循客观实际和客观规律，科学合理地遵循当代大学生的成长规律就是"因事""因时"和"因势"的具体体现，在遵循大学生成长规律的基础上，进而才能做到"化""进""新"。只有科学合理地遵循当代大学生的成长规律才能使高校思想政治工作取得事半功倍的成效，才能为当代大学生"点亮理想的灯、照亮前行的路，激励学生勇做奋进者、开拓者"①。只有科学合理地遵循当代大学生的成长规律，不拔苗助长，才能使社会主义核心价值观等主流意识形态内化于当代大学生之心，外化于当代大学生之行为和实践，才能培养出德智体美劳全面发展的社会主义事业建设者和接班人。

---

① 习近平在全国高校思想政治工作会议上强调：把思想政治工作贯穿教育教学全过程　开创我国高等教育事业发展新局面［N］. 人民日报，2016-12-09.

结　语

　　掌握当代大学生的成长规律是为了促进当代大学生的成长成才，而遵循当代大学生的成长规律是遵循教育规律和思想政治教育规律的前提。

　　教育是促进学生成长的最主要的手段，如何调动学生内在的向上的成长的动力是教育的主要目标。教育是有规律可循的。习近平总书记关于教育的重要论述，是推动我国教育事业改革发展的根本遵循。这些重要论述站在教育与人成长的战略高度，深刻指出了教育的根本任务和本质特征，也深刻回答了"培养什么样的人、怎样培养人、为谁培养人"这一根本性问题。培养人就要了解人，对人的了解首先就要了解影响人成长的各种因素以及这些因素之间的本质的联系。青年是国家的未来、民族的希望。《中长期青年发展规划（2016—2025 年）》中界定的"青年"的年龄范围是 14 至 35 周岁，因此，当代大学生属于"青年"的范围。当代大学生作为青年群体，是国家经济社会发展的生力军和中坚力量，肩负着国家未来和民族希望的重任，促进他们更好地成长和更快地发展是国家的基础性、战略性工程。因此，对当代大学生成长规律的研究、概括、归纳和总结，体现了教育的本质——促进人的全面发展。

思想政治教育在教育当代大学生，促进他们健康成长的过程中具有不可替代的重要作用。当代大学生的成长规律包括了心理成长规律、思想品德成长规律、日常行为成长规律和网络时代的成长规律。这些都是思想政治教育者在实际工作中始终遵循的客观规律。思想政治教育者应当遵循当代大学生的"思想行为发展规律开展思想政治教育，引导他们在生理、心理成熟的同时走向思想政治上的成熟。"① 在以独生子女家庭为主、相对封闭且以应试教育为主的中学时代，以及与互联网技术同生共长的社会环境中，共构当代大学生的成长轨迹。家庭、学校和社会等维度的优势条件，为当代大学生的成长发展夯实了基础。但是，经济全球化、文化多样化、生活科技化、交往虚拟化和家庭多元化的时代境遇，造成了当代大学生人生成长经历中一个又一个的障碍。针对当代大学生在家庭、学校、社会中的多维成长轨迹，尤其是可能存在的消极因素，高校思想政治教育需进一步强化协同育人认识，采取针对性措施予以应对，助推新一代青年学生的健康成长历程。

"任何规律都是事物必定如此、确定不移的趋势"②，当代大学生的成长规律亦不例外，它具有客观性、普遍性、时代性和发展性的特征，对当代大学生的成长成才起决定作用。对规律的认识和理解，可以从认识世界和改造世界两个维度进行。从认识世界的维度看，由于规律隐藏在事物的内部，只有发挥主观能动性才能透过现象、把握规律；从改造世界的维度看，改造世界时，"也要依靠主观能动性，根据实践的目的、因势利导地改变规律赖以起作用的条件，从而引导规律起作用的具

---

① 陈万柏，张耀灿 . 思想政治教育学原理（第三版）［M］. 北京：高等教育出版社，2015：165.

② 本书编写组 . 马克思主义基本原理概论［M］. 北京：高等教育出版社，2013：40.

体方式"。对当代大学生成长规律的认识和理解亦是如此，本书在剖析影响大学生成长的境遇及其影响大学生成长规律形成和发挥作用的主要因素的前提下，为高校开展大学生教育工作提供了一定的借鉴。促进教育者有针对性地制订精准化的教育策略，实现遵循当代大学生成长规律与思想政治教育策略精准化耦合共生，助力当代大学生的健康成长。

基于已有研究成果，进一步围绕当代大学生的成长规律进行了补充、深化和发展。在当代大学生成长规律的分类上，从一般规律和特殊规律两方面进行了深化和拓展。在成长要素类分上，从当代大学生心理成长规律、思想品德成长规律和日常行为成长规律三个维度开展了质性研究。按照"成长现象—成长特征—成长规律—遵循成长规律的对策"的整体思路，对当代大学生成长规律的研究尽量实现了闭环和完整性，对之前的研究成果进行了有益的补充和发展。

研究发现，在当代大学生成长的过程中，既存在着表现他们成长的统一性的一般规律，也存在着表现他们成长的差异性和多样性的具体的、局部的特殊规律。成长的特殊规律是相对于成长的一般规律而言的，成长的特殊规律不能离开成长的一般规律而存在。当代大学生成长的特殊规律是从他们成长的时代境遇的最大特征来进行总结的，这个最大特征就是这个时代处于网络时代。从网络到新媒体再到自媒体，处于网络时代的当代大学生成长的差异性和多样性得以体现。当网络逐渐成为影响成长的不可或缺的重要因素，当代大学生成长的特殊性渐趋一般性，特殊规律逐步变为一般规律，对当代大学生成长规律的精确分类将是下一步有关大学生成长规律的研究方向和重点之一。

研究揭示，对成长环境进行改变和建设，会促进当代大学生的成长朝着健康的方向发展。环境因素是影响当代大学生成长规律形成和发挥作用的主要因素，是成长规律发挥作用的历史性和客观性条件的体现。

本书将当代大学生成长规律形成的社会背景和环境，概括为经济全球化、文化多样化、生活科技化、交往虚拟化以及家庭多样化等五个方面。成长环境是包括诸多元素的一个复杂的体系，虽然这五个方面是影响当代大学生成长最为直接的环境因素，但是对当代大学生成长环境的优化和建设绝不仅仅包括这些方面。《中长期青年发展规划（2016—2025 年）》中指出，要"进一步明确中国特色社会主义青年运动方向，全面加强对青年的思想政治引领和成长成才服务，制定实施一系列促进青年发展的政策措施，激励引导青年与民族同命运、与祖国共奋进、与时代共奋进、与时代齐发展，为广大青年指明了正确成长道路，创造了良好成长环境"①。当代大学生作为当代青年的主体，他们的成长环境如何？关乎他们成长的环境建设的政策措施是否精准？是全社会都应该思考的问题，也是下一步研究的重点方向之一。

研究证明，只要遵循大学生的成长规律开展高校思想政治工作，就会受到学生欢迎，取得预期效果；否则，就会有挫折、有倒退，甚至失败。对于当代大学生成长规律的归纳总结，目的是有效地掌握他们成长的正向趋势，在成长的关键环节上，精准地按照规律科学地进行引导和教育，在他们成长的"量变"环节上精准发力，才能有效完成成长到成才的"质变"，提升他们成长的质量，实现教育的目的。党的十八大以来，中国进入新时代，理论自信、制度自信、道路自信、文化自信得到进一步彰显，这一变化直接影响到大学生的学习和生活。实际中，要教育引导当代大学生将自己的成长成才融入报效祖国、服务人民、奉献社会的伟大事业中去，在这些伟大事业中实现自我的价值、实现自身的成长；要牢牢把握新时代主题，充分考虑到当代大学生的特点和利益，

---

① 中长期青年发展规划（2016—2025）［M］.北京：人民出版社，2017：2.

优化他们的成长环境，满足他们的紧迫需求，维护他们的发展权益，促进他们的全面成长。新时代促进当代大学生成长成才的根本遵循是坚持马克思主义青年观和中国特色社会主义青年运动方向，全面贯彻落实以习近平同志为核心的党中央关于青年工作的决策部署，引导当代大学生听党话跟党走，主动践行社会主义核心价值观。将自身成长成才融入祖国发展的伟大事业中去，建功立业，做国之栋梁。

参考文献

一、著作类

[1] 马克思恩格斯选集（1-4卷）［M］. 北京：人民出版社，2012.

[2] 马克思恩格斯选集（1-4卷）［M］. 北京：人民出版社，1995.

[3] 列宁选集（1-4卷）［M］. 北京：人民出版社，2012.

[4] 列宁全集（第55卷）［M］. 北京：人民出版社，1990.

[5] 毛泽东选集（1-4卷）［M］. 北京：人民出版社，1991.

[6] 毛泽东文集（1-8卷）［M］. 北京：人民出版社，1993.

[7] 邓小平文选（第1卷）［M］. 北京：人民出版社，1994.

[8] 邓小平文选（第2卷）［M］. 北京：人民出版社，1994.

[9] 邓小平文选（第3卷）［M］. 北京：人民出版社，1993.

[10] 习近平总书记系列重要讲话读本［M］. 北京：学习出版社，人民出版社，2014.

[11] 习近平，刘云山，王岐山，等. 党的十九大报告辅导读本［M］. 北京：人民出版社，2017.

[12] 习近平. 之江新语［M］. 杭州：浙江人民出版社，2007.

[13] 中共中央文献研究室.习近平关于社会主义文化建设论述摘编 [M].北京：中央文献出版社，2007.

[14] 习近平谈治国理政 [M].北京：外文出版社，2014.

[15] 习近平谈治国理政（第二卷）[M].北京：外文出版社，2017.

[16] 习近平谈治国理政（第三卷）[M].北京：外文出版社，2020.

[17] 习近平新时代中国特色社会主义思想三十讲 [M].北京：学习出版社，2018.

[18] 中国共产党第十八次全国代表大会文件汇编 [M].北京：人民出版社，2012.

[19] 中共中央宣传部编.习近平总书记系列重要讲话读本（2016年版）[M].北京：学习出版社，人民出版社，2016.

[20] 中共中央文献研究室.习近平关于全面深化改革论述摘编 [M].北京：中央文献出版社，2014.

[21] 中共中央宣传部.习近平总书记在文艺工作座谈会上的重要讲话学习读本 [M].北京：学习出版社，2015.

[22] 教育部课题组.深入学习习近平关于教育的重要论述 [M].北京：人民出版社，2019.

[23]《马克思恩格斯列宁历史理论经典著作导读》编写组.马克思恩格斯列宁历史理论经典著作导读 [M].北京：人民出版社，高等教育出版社，2012.

[24]《马克思主义哲学》编写组.马克思主义哲学 [M].北京：高等教育出版社，人民出版社，2009.

[25]《中国哲学史》编写组.中国哲学史（上）[M].北京：高等教育出版社，人民出版社，2012.

[26]《思想政治教育学原理》编写组.思想政治教育学原理 [M].北

京：高等教育出版社，2016.

[27] 本书编写组．马克思主义基本原理概论 [M]．北京：高等教育出版社，2015.

[28] 陈万柏，张耀灿，主编．思想政治教育学原理（第三版）[M]．北京：高等教育出版社，2015.

[29] 赵培星．论规律 [M]．北京：人民出版社，1981.

[30] 刘彦培．规律漫谈 [M]．合肥：安徽人民出版社，1985：8.

[31] 张青松．认识规律背后的规律——"元学"理论研究与建构 [M]．北京：人民出版社，2016.

[32] 冯刚，沈壮海，主编．中国大学生思想政治教育发展报告2013 [M]．北京：北京师范大学出版社，2013.

[33] 沈壮海，王培刚，段立国，等．中国大学生思想政治教育发展报告2014 [M]．北京：北京师范大学出版社，2015.

[34] 沈壮海，王培刚，段立国，等．中国大学生思想政治教育发展报告2015 [M]．北京：北京师范大学出版社，2016.

[35] 沈壮海，王培刚，王迎迎，等．中国大学生思想政治教育发展报告2016 [M]．北京：北京师范大学出版社，2017.

[36] 沈壮海，王晓霞，王丹，等．中国大学生思想政治教育发展报告2017 [M]．北京：北京师范大学出版社，2018.

[37] 沈壮海，等．中国大学生思想政治教育发展报告2018-2019 [M]．北京：北京师范大学出版社，2020.

[38] 杨晓慧．当代大学生成长规律研究 [M]．北京：人民出版社，2010.

[39] 农毅．传媒"碎片化"时代大学生成长成才的探索与实践 [M]．桂林：广西师范大学出版社，2014.

[40] 姚启和.高等教育管理学 [M].武汉：华中理工大学出版社，2000.

[41] 张骏生.人才学 [M].北京：中国劳动社会保障出版社，2006.

[42] 刘雄伟.历史的客观性研究 [M].北京：中国社会科学出版社，2016.

[43] 宋刚.大学生日常思想政治教育简论 [M].成都：西南交通大学出版社，2009.

[44] 华长慧，喻立森.中国文化与大学生成长 [M].杭州：浙江教育出版社，2015.

[45] 万明钢.多元文化视野价值观与民族认同研究 [M].北京：民族出版社，2006.

[46] 姜正国.全球化背景下的高校思想政治教育创新研究 [M].长沙：湖南人民出版社，2011.

[47] 谭德礼，江传月，刘苍劲，等.当代大学生思想特点及成长成才规律研究 [M].北京：人民出版社，2012.

[48] 李和民.大学生成长导航 [M].广州：暨南大学出版社，2014.

[49] 中长期青年发展规划（2016—2025 年）[M].北京：人民出版社，2017.

[50] 邱伟光，张耀灿.思想政治教育学原理 [M].北京：高等教育出版社，1999.

[51] 李岩.思想政治教育的人文本性 [M].北京：人民出版社，2017.

[52] 林晶.高校思想政治教育立体化模式构建研究 [M].北京：

人民出版社，2017.

[53] 卢彩晨. 中国高等教育重审：基于约翰·S·布鲁贝克的《高等教育哲学》视角［M］. 北京：北京理工大学出版社，2016.

[54] 沈虹，郭嘉，纪中展，杨雪萍. 移动中的90后：90后媒介接触行为生活形态与价值观研究［M］. 北京：机械工业出版社，2014.

[55] 邵明. 文化心理与中国社会主体意识［M］. 北京：人民出版社，2017.

[56] 欧阳康. 社会认识论导论［M］. 北京：北京师范大学出版社，2017.

[57] 李路路. 中国大学生成长报告2012［M］. 北京：中国人民大学出版社，2013.

[58] 李路路. 中国大学生成长报告2014［M］. 北京：中国人民大学出版社，2014.

[59] 李路路. 中国大学生成长报告2015［M］. 北京：中国人民大学出版社，2015.

[60] 卢战卡. 大学生成长之道［M］. 天津：天津科学技术出版社，2016.

[61] 宁维卫. 大学生发展与健康心理学［M］. 成都：西南交通大学出版社，2009.

[62] 沈壮海. 思想政治教育有效性研究［M］. 武汉：武汉大学出版社，2008.

[63] 王树荫. 中国共产党思想政治教育史［M］. 北京：中国人民大学出版社，2011.

[64] 陈孝彬，高洪源. 教育管理学（第三版）［M］. 北京：北京师范大学出版社，2008.

[65] 张大均，郭成，等．教育心理学（第三版）[M]．北京：人民教育出版社，2015.

[66] 林伯海．当代西方社会思潮与青年教育 [M]．成都：西南交通大学出版社，2011.

[67] 许海元．大学生心理资本积累及其教育管理 [M]．北京：人民出版社，2017.

[68] 陆魁宏．谈规律 [M]．长沙：湖南人民出版社，1982.

[69] 林伯海，等．思想政治教育的人学取向 [M]．北京：现代教育出版社，2015.

[70] 改革开放以来思想政治工作大事记 [M]．北京：中国人民大学出版社，2017.

[71] 王义军，段小龙，等．新媒体时代青少年成长的特点和规律（研究报告）[M]．天津：天津社会科学出版社，2017.

[72] 冯刚，郑永廷．思想政治教育学科30年发展研究报告 [M]．北京：光明日报出版社，2014.

[73] 王道俊，郭文安．教育学（第七版）[M]．北京：人民教育出版社，2016.

[74] 冯增俊，陈时见．当代比较教育学 [M]．北京：人民教育出版社，2015.

[75] 华岗．规律论 [M]．北京：人民教育出版社，1982.

[76] 张骏生．人才学 [M]．北京：中国劳动社会保障出版社，2006.

[77] 卢黎歌，薛华，等．当代大学生思想特点、成长规律与马克思主义大众化研究 [M]．西安：西安交通大学出版社，2012.

[78] [美] 理查德·格里格，菲利普·津巴多．心理学与生活

（第 19 版）[M].北京：人民邮电出版社，2014.

[79]［德］黑格尔，范扬，张启泰，译.法哲学原理 [M].北京：商务印书馆，1961.

[80]［德］黑格尔.逻辑学（上）[M].北京：商务印书馆，1966.

[81]［美］亚伯拉罕·哈罗德·马斯洛.动机与人格 [M].北京：中国人民大学出版社，2012.

[82]［美］兰迪·拉森，戴维·巴斯.自我与人格——人格心理学的认知革命 [M].郭永玉，杨子云，译.北京：人民邮电出版社，2012.

[83]［美］伊丽莎白·基斯，J.彼得·尤本，主编.孙纪瑶，段妍.反思当代大学的德育使命 [M].北京：人民出版社，2017.

[84]［俄］格·尼·菲洛诺夫.德育进程：方法论与发展战略 [M].雷蕾，曲波，译.北京：人民出版社，2016.

[85]［日］吉田武男.摆脱"心灵教育"的道德教育 [M].那乐，栾天，译.北京：人民出版社，2016.

[86]［美］内尔·诺丁斯.21 世纪的教育与民主 [M].陈彦旭，韩丽颖，译.北京：人民出版社，2015.

[87]［美］威廉·戴蒙，主编.品格教育新纪元 [M].刘晨，康秀云，译.北京：人民出版社，2015.

二、期刊类

[1] 郑永廷.把高校思想政治工作贯穿教育教学全过程的若干思考——学习习近平总书记在全国高校思想政治工作会议上的讲话 [J].思想理论教育，2017（1）.

[2] 本刊记者.深入贯彻落实全国高校思想政治工作会议精神 切

实增强大学生对思政课的获得感——访教育部社会科学司司长刘贵芹[J].思想理论教育导刊,2017(5).

　　[3]郑永廷,林伯海.教书育人规律及其遵循对策研究[J].思想教育研究,2017(6).

　　[4]张建.遵循学生成长规律 加强高校思想政治工作的若干思考[J].思想理论教育导刊,2018(5).

　　[5]李楠.遵循大学生成长规律 增强思想政治理论课教学实效性[J].思想理论教育导刊,2017(9).

　　[6]陈洪尧.学生成长规律及其遵循对策研究[J].思想理论教育导刊,2018(4).

　　[7]李辉.新时期高校思想政治工作"三个规律"的内在逻辑[J].中国高校社会科学,2017(3).

　　[8]杨雪霞,要迪.基于大学生成长规律的教育服务策略探析[J].教育理论与实践,2020(27).

　　[9]骆郁廷,高裕.新时代大学生成长预期的调适[J].马克思主义与现实,2019(4).

　　[10]梁晓宇.论马克思主义发展的一般规律和特殊规律[J].沈阳干部学刊,2016(1).

　　[11]聂立清,郑永廷.人的本质及其现代发展——对马克思人的本质思想的再认识[J].现代哲学,2007(2).

　　[12]张跃刚.人的成长:从价值自发走向价值自觉[J].人民论坛,2014(29).

　　[13]向红.经济全球化时代发展中国家的困境与出路[J].中国人民大学学报,2010(6).

　　[14]于静.社会主义意识形态世俗化的双重挑战[J].江西社会

科学，2015（11）.

[15] 毛德胜. 半虚拟化生存——大数据时代的人际交往模式探析 [J]. 新闻知识，2014（9）.

[16] 吴小榕. 独生子女大学生公民道德教育探索 [J]. 中国成人教育，2008（24）.

[17] 陈军，周少贤. 家庭经济状况对大学生心理健康的影响 [J]. 中国青年政治学院学报，2012（4）.

[18] 姜丹，庄郁馨. 单亲家庭大学生心理问题研究 [J]. 人民论坛，2011（2）.

[19] 罗涤，李颖. 高校留守大学生积极心理品质研究 [J]. 中国青年研究，2012（8）.

[20] 林伯海，张军琪. 当代大学生成长规律探究 [J]. 思想理论教育，2017（8）.

[21] 黄蓉生，王华敏. 大学生政治行为现状调查与引导对策 [J]. 学校党建与思想教育，2014（21）.

[22] 杜昀. 自媒体对大学生交往行为与方式的影响及对策 [J]. 高校辅导员，2015（5）.

[23] 阮云志. 大学生思想成长的影响因素、基本矛盾和具体矛盾 [J]. 学习月刊，2011（12）.

[24] 李妍妍. 探究大学"宅文化"的起源、发展以及应对策略 [J]. 当代教育实践与教学研究，2017（2）.

[25] 刘奇. "快文化"将把我们带向哪里 [J]. 行政管理改革，2014（7）.

[26] 卜建华，徐凤娟. 网络社会青年信仰泛娱乐化庸俗化风险的"文化景观"与破解策略 [J]. 中国青年研究，2020（1）.

[27] 卢黎歌等.遵循大学生思想成长规律 推进高校马克思主义大众化 [J].思想教育研究,2012 (1).

[28] 李保强.大学生的政治认同与政治立场 [J].人民论坛,2019 (25).

[29] 龙柏林.在"四信"中增强新时代青年政治认同 [J].人民论坛,2019 (25).

[30] 施丽红,张莹.网络对大学生政治认同的影响及应对 [J].学校党建与思想教育,2015 (24).

[31] 张驰,王燕.对大学生政治认同教育的几点思考 [J].学校党建与思想教育,2018 (4).

[32] 辜克霞.自媒体视域下大学生政治认同探析 [J].学校党建与思想教育,2019 (23).

[33] 周金华,刘睿.从三个领域增强大学生政治认同 [J].学校党建与思想教育,2019 (24).

[34] 王凯丽,陈树文.网络舆情环境下大学生政治认同探析 [J].思想教育研究,2020 (2).

[35] 尹凯丰,于钦明."90后"大学生心理特点与成长成才规律研究 [J].思想政治教育研究,2012 (2).

[36] 孙志德.马克思主义人学视域下大学生人格成长规律探析 [J].中国成人教育,2016 (24).

[37] 冯刚,王振.着眼大学生成长发展需求 构建培育践行社会主义核心价值观长效机制 [J].思想理论教育导刊,2017 (2).

[38] 吕其镁,张嘉娣.加强大学生马克思主义历史观教育论析 [J].思想理论教育导刊,2017 (1).

[39] 靳诺.高校思想政治工作根本任务的科学概括 [J].思想理

论教育导刊，2017（1）.

　　［40］沈壮海，肖洋.2016年度大学生思想政治状况调查分析［J］.思想理论教育导刊，2017（1）.

　　［41］沈壮海，王迎迎.2015年度大学生思想政治及其教育状况调查分析［J］.中国高等教育，2016（8）.

　　［42］沈壮海，段立国.2014年度大学生思想政治状况分析——基于全国30所高校的调查［J］.思想理论教育导刊，2015（8）.

　　［43］张正光.提升思想政治教育亲和力的有效路径［J］.思想理论教育导刊，2017（5）.

　　［44］张智.习近平关于思想政治教育工作的五个比喻析论［J］.思想理论教育导刊，2017（5）.

　　［45］范起东，范翔宇.“90后”大学生的时代特征研究［J］.人民论坛，2011（24）.

三、报纸类

　　［1］习近平在全国高校思想政治工作会议上强调 把思想政治工作贯穿教育教学全过程 开创我国高等教育事业发展新局面［N］.人民日报，2016-12-9（1）.

　　［2］习近平.决胜全面建成小康社会 夺取新时代中国特色社会主义伟大胜利——在中国共产党第十九次全国代表大会上的报告（2017年10月18日）［N］.光明日报，2017-10-28（1）.

　　［3］《中国共产党第十八届中央委员会第五次全体会议公报》［N］.人民日报，2015-10-30.

　　［4］赵婧娜.期待“00后”书写青春精彩［N］.人民日报，2018-9-4（9）.

［5］习近平.青年要自觉践行社会主义核心价值观——在北京大学师生座谈会上的讲话（2014年5月4日）［N］.光明日报，2014-5-5（2）.

［6］习近平.在北京大学师生座谈会上的讲话［N］.人民日报，2018-5-3.

［7］习近平.在同各界优秀青年代表座谈时的讲话［N］.人民日报，2013-5-5.

［8］李卫东.重视网络道德教育，正确引导大学生网络行为［N］.光明日报，2007-8-1.

四、外文文献

［1］Perry, W. G., Jr. (1968). *Forms of intellectual and ethical development in the college years：A scheme* ［M］. New York：Holt, Rinehart, & Winston.

［2］Miller, T. K., & Prince, J. S. (1976). *The future of student affairs：A guide to student development for tomorrow's higher education* ［M］. San Francisco：Jossey.

［3］Evans, N., Deanna S. F. (2010). *Student Development in College：Theory, Research, and Practice* ［M］. San Francisco：Bass.

［4］Lawrence. (1976). *Moral stages and moralization：The cognitive-developmental approach* ［J］. In T. (Ed.), Moral development and behavior：Theory, research, and social issues. New York：Holt.